教職必修

教育の方法と技術

改訂版

教職課程研究会 編

Teaching Profession

実教出版

はじめに

「教職必修 教育の方法と技術 改訂版」で何を学ぶか

　本書は，教員免許状の取得をめざす学生諸君だけでなく，新しく教員に採用された先生方の初任者研修にも役立つような内容構成で執筆した。

　ところで，各教科の教員免許状を取得するためには，大学卒業資格を基礎資格として，「教育職員免許法施行規則」の別表に定められた第1欄「教科及び教職に関する科目」について所定の単位数を修得する必要がある。

　ここで学ぶ「教育の方法と技術」は，すべての校種の教師が身につけるべき大切な内容で構成されたテキストであり，教育活動のあらゆる場面での児童・生徒と教師の関わり方を具体的に取り上げている非常に大切な科目である。免許法では，この「教育の方法及び技術」の科目について「情報機器及び教材の活用を含む」とただし書きがある。そこで「教育の方法と技術」の執筆にあたり，教育方法を新しい視点でとらえ，最新のマルチメディア機器やその教材を活用する手法を具体的に取り上げるように配慮して執筆した。

　2019年度入学生からは，免許法が一部改正され，最低修得単位数は在校生と変更はないが，最低修得単位数の枠組みが変更された。

　その枠組みは，第2欄「教科及び教科の指導法に関する科目」，第3欄「教育の基礎的理解に関する科目」，第4欄「道徳，総合的な学習の時間等の指導法及び生徒指導・教育相談等に関する科目」，第5欄「教育実践に関する科目」，に続いて新規として第6欄に「大学が独自に設定する科目」の区分になり，それぞれの必要な修得単位数が示された。

　本書で学ぶ「教育の方法と技術」は，第2欄の「各教科の指導法（情報機器及び教材の活用を含む）」と第4欄の「教育の方法及び技術（情報機器及び教材の活用を含む）」の項目の内容に適応する執筆とした。

　また，この「教育の方法と技術」の修得単位数は，各大学とも第2〜3学年の半期または通年科目として2〜4単位の必履修科目として設定し

いることも配慮した。履修にあたっては，事前に教職の意義に関する「教職論」や教職の基礎理解に関する科目の「教育原理」「教育心理」などの履修を済ませておくことが望まれる。各大学の教職課程講座では，科目名は多少異なるが，履修する科目が第2欄から第6欄に定められている単位数が修得できるように，履修科目が各欄のどの分野に属する科目かをよく理解して，1年次から履修計画を立てて，決められた単位数を計画的に各学年で修得していく必要がある。

ところで現代社会では，技術革新の急速な発展によりコンピュータに代表される情報通信機器が開発され，大量の情報の送受信が日常的に行われるようになっている。そこで学校教育においては，発達段階に応じて，すべての児童・生徒に情報活用能力を身につけさせることが求められており，教師にとってはそのための指導技術が求められるようになっている。従来からの各クラス中心の一斉指導の授業形態を，児童・生徒一人ひとりの興味・関心や学習様式などに応じた弾力的で多様な学習形態とし，個性的で創造的な児童・生徒の育成をめざした「主体的な学び，対話的な学び，深い学び」であるアクティブ・ラーニングの実現に向けた，教育の方法や技術の習得が期待される。

学校教育に携わる教師には，児童・生徒の人格形成に必要な多面的な資質が求められていることはいうまでもないが，その中で最も大切な資質は，各教師の専門とする教科の高度な指導の実践力であり，この科目はそのための「教育の方法と技術」を学ぶのである。

第1編の「教育の方法」では，教育方法を広義にとらえて，学校教育活動全体を概括しながら，学習指導の実践力が身につくように配慮してまとめた。第2編の「情報機器および教材の活用」では，最も身近な「黒板」から最新のパソコンを活用した教材展開の事例を具体的に取り上げ，授業改善に役立つ内容とした。

本書の出版にあたり，多大なご尽力を下さった実教出版の皆様に謝意を表すものである。

2018. 10 　　　　　　　　　　　　　　　　　　教職課程研究会

目　次

はじめに　「教職必修　教育の方法と技術 改訂版」で何を学ぶか………… 3

第1編　教育の方法 ……………………………………………… 9
第1章　教育方法 ……………………………………………… 10
第1節　学校教育 ……………………………………………… 10
　　1　人間と教育の機能 ……………………………………… 10
　　2　学校教育の機能 ………………………………………… 12
第2節　学校教育の課題 ……………………………………… 13
　　1　教育改革の視点 ………………………………………… 14
　　2　教育改革国民会議報告 ………………………………… 15
第3節　新しい学力観 ………………………………………… 17
　　1　学力観の変遷 …………………………………………… 17
　　2　新しい学力観とその評価 ……………………………… 20
第2章　学校の教育計画 ……………………………………… 23
第1節　教育方法のあゆみ …………………………………… 23
　　1　アメリカの教育プラン ………………………………… 26
　　2　わが国の教育のあゆみ ………………………………… 28
第2節　教育課程 ……………………………………………… 31
　　1　教育課程の機能 ………………………………………… 31
　　2　教育課程編成の手順 …………………………………… 34
第3章　学習理論 ……………………………………………… 40
第1節　学習の原理 …………………………………………… 40
　　1　連合説 …………………………………………………… 41
　　2　認知説 …………………………………………………… 42
　　3　学習の過程 ……………………………………………… 44
　　4　学習の転移 ……………………………………………… 46
　　5　学習の方法と個人差 …………………………………… 47
第2節　学習指導の形態 ……………………………………… 52
　　1　学習形態の特質 ………………………………………… 52
　　2　学習集団と指導法 ……………………………………… 55
　　3　小集団と指導法 ………………………………………… 62

4　ディベート……………………………………………………… 64
　第3節　教育機器の活用………………………………………………… 67
　　　1　視聴覚教育……………………………………………………… 68
　　　2　教育工学………………………………………………………… 69
　　　3　教育メディア…………………………………………………… 70
第4章　学習指導の実際…………………………………………………… 72
　第1節　教科指導………………………………………………………… 72
　　　1　教科の指導過程………………………………………………… 73
　　　2　学習指導の形態………………………………………………… 73
　　　3　望ましい授業…………………………………………………… 74
　　　4　望ましい授業の設計…………………………………………… 75
　第2節　教材と教科書…………………………………………………… 77
　　　1　教科書…………………………………………………………… 77
　　　2　補助教材………………………………………………………… 78
　　　3　各教科の「教材整備指針」について………………………… 79
　第3節　教科指導の展開………………………………………………… 81
　　　1　各教科の年間指導計画………………………………………… 82
　　　2　学習指導案の作成……………………………………………… 83
　　　3　教科指導の改善の視点………………………………………… 85
　　　4　生徒理解にもとづく教科指導………………………………… 87
　　　5　学習成果の3観点別評価……………………………………… 88
第5章　生徒指導と総合的な学習（探究）の時間……………………… 89
　第1節　生徒指導………………………………………………………… 89
　　　1　生徒理解にもとづく生徒指導………………………………… 89
　　　2　生徒との人間関係づくり……………………………………… 91
　　　3　児童・生徒の叱り方…………………………………………… 93
　第2節　総合的な学習（探究）の時間の指導………………………… 94
　　　1　配慮事項………………………………………………………… 95
　　　2　授業時数………………………………………………………… 96
　　　3　取り扱い………………………………………………………… 96
　　　4　評価・評定の方法……………………………………………… 97

第2編　情報機器および教材の活用 …………………………………… 99
第1章　高度情報通信社会と情報教育 ………………………………… 100
　第1節　情報通信社会と学校教育 …………………………………… 102
　　1　学校における情報教育 ………………………………………… 103
　　2　主要国のコンピュータ普及状況 ……………………………… 106
　　3　急速なパソコンの進化 ………………………………………… 108
　　4　学校教育とパソコンの機能 …………………………………… 110
　　5　教育業務の改善に活用する …………………………………… 111
　第2節　各種の教育メディアの活用事例 …………………………… 112
　　1　黒板の有効な活用法 …………………………………………… 112
　　2　大型提示装置（電子黒板）の活用 …………………………… 113
　　3　立体物の投映機（教材提示装置） …………………………… 116
　　4　スクリーンの性能と取り扱い ………………………………… 116
　　5　ビデオ教材の活用のしかた …………………………………… 117
　　6　ビデオカメラによる教材づくり ……………………………… 117
　　7　ランゲージラボラトリ ………………………………………… 120
　第3節　学校教育と放送 ……………………………………………… 122
　　1　NHK（日本放送協会）の学校放送 ………………………… 123
　　2　衛星放送の活用 ………………………………………………… 125
　　3　インターネット活用の教育プロジェクトのあゆみ ………… 126
　　4　反転授業とスマイル学習 ……………………………………… 128
　　5　家庭向けの学習端末とソフトウェア ………………………… 129
　　6　eラーニング（遠隔学習）の活用 …………………………… 130
　　7　学習管理システム ……………………………………………… 133
　　8　無料の通信大学講座「gacco」 ……………………………… 134
第2章　情報機器の活用による学校教育の改善 ……………………… 135
　第1節　パソコンによる学習指導の改善 …………………………… 135
　　1　学習指導法の改善 ……………………………………………… 136
　　2　インターネットの活用 ………………………………………… 140
　　3　指導形態に応じた改善 ………………………………………… 140
　　4　パソコン活用の長所と短所 …………………………………… 143
　第2節　学校運営とパソコン活用 …………………………………… 144
　　1　教務事務処理の改善 …………………………………………… 145
　　2　進路指導への活用 ……………………………………………… 147

3　教育情報管理の改善……………………………………………148
　　　4　学校評価などへの活用…………………………………………148
　　　5　図書館管理への活用……………………………………………148
　　　6　タブレット型端末の普及………………………………………150
　　第3節　最新教育情報の収集と発信への活用………………………150
　　　1　インターネットへの接続………………………………………151
　　　2　パソコンと通信回線の配線……………………………………151
　　　3　情報の送受信……………………………………………………152
　　　4　ホームページの情報収集と発信………………………………152
　　　5　電子メールの送受信……………………………………………154
　　第4節　パソコン活用のモラルと著作権……………………………155
　　　1　情報活用のモラル………………………………………………155
　　　2　情報活用と著作権………………………………………………156
　　　3　学校でのソフトの購入…………………………………………157

第3章　パソコン活用と教材開発……………………………………159
　　第1節　公文書の作成…………………………………………………159
　　　1　ワープロソフトの利用…………………………………………161
　　　2　便利な機能を活用する…………………………………………161
　　　3　学習指導案の作成例……………………………………………163
　　第2節　成績一覧表の作成とデータのグラフ化……………………165
　　　1　エクセルによる成績表とグラフ作成…………………………165
　　第3節　プレゼンテーションの手法…………………………………166
　　　1　プレゼンテーションのしかた…………………………………166
　　　2　プレゼンテーションソフトの活用……………………………171
　　第4節　ホームページ作成とその注意点……………………………172
　　　1　学校紹介のホームページの制作………………………………173
　　　2　ホームページ公開上の注意点…………………………………175
　　第5節　発展的なソフトの活用………………………………………176
　　　1　音声入力による文章作成………………………………………176
　　　2　翻訳ソフトの活用法……………………………………………178
　　　3　翻訳スマホアプリの活用………………………………………179
　　　4　コンピュータによる情報処理のしくみ………………………180

参考資料……………………………………………………………………183
索　　引……………………………………………………………………185

第1編 教育の方法

　教育方法 [teaching method] とは，各学校が，学校教育の目的や目標を達成させるために，教育内容として各教科や道徳，特別活動，「総合的な学習（探究）の時間」に何を学ばせるべきかを決めた上で，その内容をどのように教え，学ばせ，身につけさせるかという方法と技術である。

　一般的に教育方法では，学校教育の分野を主に考えているが，これからは学校教育を中心としながらも，教育を生涯学習という長期的な視点で考える必要がある。

　さらにインターネットや各種情報機器の普及に見られるように，教育手段も家庭や地域社会から全世界へとグローバル化しており，「eラーニング」[e-Learning] などの登場により，これからの教育方法は多様化し，さらに広がりを持つ概念としてとらえる必要があると考え，第1編をあえて「教育の方法」としてまとめた。

パソコン活用による「教職実践演習」のプレゼンテーション例

第 1 章 教育方法

　教育方法は各教科の学習指導だけでなく，学校教育のすべての教育活動に活かされるものであり，進路指導や生活指導やホームルーム指導にも関わってくる。

　そこで，本書では教育方法を「教授と学習過程」のように狭義にとらえるのでなく，広義にとらえ，関連する教育の目標，教育課程，生活指導，総合的な学習（探究）の時間などの要点についても取り上げた。

　また，現在の教育の方法では，情報技術の進展によりコンピュータに代表されるような教育活動に有効な教育メディアが開発され，それらを学習活動の改善・充実に役立たせる実践力の育成が期待されている。

　また同時に，教育業務の効率化を図り教師の業務負担軽減にもつなげる必要がある。

　そこで，学習指導の改善・充実を図るために，各種教育機器の活用成果をふまえ，代表的な教育機器を具体的に取り上げた。また，その活用の技術を第2編で取り上げ，教材の作成や活用法について具体的な展開事例を示した。

第1節　学校教育

❶ 人間と教育の機能

　人間は，他の動物に比較すると，非常に未熟で誕生し，人間として必要な資質能力は，長期にわたり教えはぐくまれる必要がある。

　子供にとって最初の「教育」場面は**家庭教育**であり，ペスタロッチ

(p.23参照)が,「母親は,幼児をひざに抱く瞬間から子供を教える」といっているように,家庭教育は,親子の愛情に基づく一体感で結ばれる。そして,「三つ子の魂百まで」というように,幼少時の日常生活をとおして基本的なしつけや安定した人格や心情を育成する重要な機能を有している。

最近では,普通の児童・生徒が,突然「キレル」ことで問題行動を起こす事例が見られるようになり,幼少の成長段階にその誘因が見出せるとの指摘がある。例えば,「不注意や集中力の障害」は,注意欠陥多動性障害［ADHD：Attention Dificit and Hyperactivity Disorder］といわれ,学習障害［LD：Learning Disability］もその中に含まれる。学童期においては,感情的に不安定になりやすく,怒りを爆発させたり,忘れ物を頻繁にするなどの行動も見られる。これらの幼児・児童・生徒については,できるだけ早く医療機関や相談機関への受診が必要とされる。

学校教育は,この家庭教育の成果を引き継いで,集団生活をとおして意図的・計画的に教育を行うところであり,知識・技能・態度を主体的に獲得させるとともに,児童・生徒たちに集団生活における規律の意義や集団と個人の関わりを自覚させ,将来の自己実現に必要な基礎的・基本的な事項を組織的に習得させる場である。

また学校は,個人に対しては,社会の文化や価値を教育の内容として次の世代に伝達するとともに,社会に対しては,現状の社会を改善し,よりよい生活や文化を創り出していく使命を持っているといえる。

とくに時代の進展の激しい現代社会を生き抜くには,学校時代に学んだ知識はすぐに陳腐化してしまうので,生涯学び続ける力が必要であり,自ら学び,自ら課題を見つけ,課題解決できる「**生きる力**」の育成が求められている。

さらに,人間の成長にとっては,家庭教育や学校教育だけでなく,地域の教育力にも大きな役割が期待されている。

しかし,最近では少子化にともない核家族化し,子供たちと地域社会

の結びつきが弱体化し、子供たちの発達にとって重要な環境である地域社会の自然や文化や近隣の住民の温かい愛情が、子供たちの育成に十分に活かされていない現状が続いている。

　また、学校教育が週5日制になり、地域社会の教育機能や社会教育の施設が、成人対象だけでなく、児童・生徒の学習の場として一層重要な役割を担うようになってきている。

❷ 学校教育の機能

　学校教育 [school education] は、人間が一人前の人間となるために必要な能力と人格の形成を目的として意図的・計画的に行われる教育機関である。その根本を支えてきたものは、新憲法下の1947年（昭和22年）に定められた**教育基本法**であり、60年以上にわたってわが国の教育制度を発展させてきたが、時代の進展や社会状況の変化に対応すべく、2006年（平成18年）に教育基本法が改正された。その主な箇所を以下に示す。

　わが国の学校教育について、教育基本法の第1条教育の目的では「教育は、人格の完成を目指し、平和で民主的な国家及び社会の形成者として必要な資質を備えた心身ともに健康な国民の育成を期して行われなければならない」と定めた。この目的達成のために、第2条教育の目標では「教育は、その目的を実現するため、学問の自由を尊重しつつ、次に掲げる目標を達成するよう行われるものとする。……」、新規に第3条で**生涯学習**の理念が加えられ「国民一人一人が、自己の人格を磨き、豊かな人生を送ることができるよう、その生涯にわたって、あらゆる機会に、あらゆる場所において学習することができ、その成果を適切に生かすことのできる社会の実現が図られなければならない」、第4条教育の機会均等では、「すべて国民は、ひとしく、その能力に応じた教育を受ける機会を与えられなければならず……」、第5条義務教育では「国民は、その保護する子に、別に法律で定めるところにより、普通教育を受

けさせる義務を負う」，第6条学校教育では，「法律に定める学校は，公の性質を有するものであって，国，地方公共団体及び法律に定める法人のみが，これを設置することができる」と規定している。

つまり学校教育は，社会の文化や価値を教育内容として，児童・生徒に組織的に伝達し，社会の維持・存続を図るとともに，現状の社会を改善し，よりよい生活や文化を創り出していくという**公共的使命**を持っているのであり，私学でもお金儲けの手段に学校経営するものではない。

現代のように進展が著しい知識基盤社会にあっては，国民一人ひとりが主体的に対応し，よりよい社会を創っていく力が求められる。

そのためには，従来からの知識・理解や記憶中心の学力から脱し，新しい学力観として，自ら学び，自ら課題を見つけ，課題解決できる「生きる力」の育成が求められ，興味・関心・意欲・態度や思考力・判断力・創造力・表現力といった主体的な能力の育成が求められている。

さらに画一的な教育から，多様な個性を活かす教育が強調されるようになり，豊かな文化や価値を創造する人材の育成に期待が高まっている。

一方，学校教育の普及は過度の学歴信仰に結びつき，よい大学に進学し，高い社会的地位や金銭を得ることが目標となり，**学歴偏重の風潮**を生み出してきた。

そのため学校教育は，人間を成長・発達させるという本来の教育的機能を歪めてしまい，多くの教育課題が生じている。

第2節　学校教育の課題

わが国の教育は，1945年（昭和20年）第二次世界大戦の敗戦後，民主教育をめざし，機会均等の理念を実現して国民の教育水準を高め，産業社会の発展の原動力になる人材育成に貢献するなど，その時々の時代の要請に対応し，成果をあげてきた。

とくに，昭和30年代後半からの高度経済成長に支えられて，国民の

生活は豊かになり，学歴志向の高まりとともに，**高等学校進学率**は上昇を続け，1950年（昭和25年）の約43％が，1970年（昭和45年）には約82％となり，さらに2000年（平成12年）には約97％，2017年（平成29年）には98％を超え，準義務化の様相を呈している。

さらに，2011年の大学・短大への進学率は56％となり，専修学校専門課程を含めた高等教育機関への進学率は2016年度80.6％に達している。

一方，2002年から学校完全週5日制が実施され，小・中学校では新学習指導要領が実施（高等学校は翌年から実施）されたが，学習内容の縮減や「総合的な学習の時間」の導入により，各教科の授業時間が削減されたのにともない，学力低下の不安とともに，学校教育に対する信頼が揺らいできた。

そこで，国や教育委員会はもちろん，各学校も児童・生徒やその保護者や地域社会に対して，不安解消の説明責任を果たすことが求められた。文部科学省は2003年（平成15年）に学習指導要領の一部を改正し，新たに学習指導要領に示していない内容も指導できることを明確化し，個に応じた指導の例示として小学校の**習熟度別指導**や小・中学校の補充・発展学習を可能とすることを明記し，不安解消に努めてきた。

❶ 教育改革の視点

わが国の教育改革を貫く基本的な理念は，人々が一生涯においていつでも自由に学習機会を選択して学ぶことができ，その成果が適切に評価されるような「**生涯学習社会**」を構築することである。

この考え方は，先進国共通の課題として認識され，1999年（平成11年）のケルンサミットにおいて採択された「ケルン憲章」はじめ，2000年の先進8カ国の教育大臣会合においても再認識され，工業化社会から知識基盤社会へと変容しつつあり，わが国は教育基本法第3条に生涯学習の理念が加えられ，生涯学習社会の構築をめざしていくことを目標に掲

げている。

❷ 教育改革国民会議報告

わが国の今後の教育の在り方について幅広く検討するため，内閣総理大臣の下に設置された「教育改革国民会議」において，2000年（平成12年）3月の発足以来審議を重ね，2000年12月22日に「**教育改革国民会議報告―教育を変える17の提案**」を提出した。

以下に掲げたこれらの要点は，21世紀のわが国の教育政策に反映すべく検討が進められている。

(1) **人間性豊かな日本人を育成する**

①教育の原点は家庭であることを自覚する　②学校は道徳を教えることをためらわない　③奉仕活動を全員が行うようにする　④問題を起こす子どもへの教育をあいまいにしない　⑤有害情報等から子どもを守る

(2) **一人ひとりの才能を伸ばし，創造性に富む人間を育成する**

⑥一律主義を改め，個性を伸ばす教育システムを導入する　⑦記憶力偏重を改め，大学入試を多様化する　⑧リーダー養成のため，大学・大学院の教育・研究機能を強化する　⑨大学にふさわしい学習を促すシステムを導入する　⑩職業観，勤労観を育む教育を推進する

(3) **新しい時代に新しい学校づくりを**

⑪教師の意欲や努力が報われ評価される体制をつくる　⑫地域の信頼に応える学校づくりを進める　⑬学校や教育委員会に組織マネジメントの発想を取り入れる　⑭授業を子どもの立場に立った，わかりやすく効果的なものにする　⑮新しいタイプの学校（"コミュニティ・スクール"等）の設置を促進する

(4) **教育振興基本計画と教育基本法**

⑯教育施策の総合的推進のための教育振興基本計画を　⑰新しい時代にふさわしい教育基本法を

こうした教育改革の視点に共通する基本的考え方は，臨時教育審議会

で示された,「個性重視の原則」「生涯学習体系への移行」「国際化・情報化等の変化への対応」などの基本的方向をさらに充実・深化させるものである。さらに「21世紀の教育改革」は,「地方分権の推進」「情報公開と説明責任の発揮」「適切な評価の推進」などを通じて教育システム全体を国民の期待や要望,社会の変化を敏感に察知し機敏に対応していくように変革する「教育の構造改革」を推進しようとするものであり,中央教育審議会でそれぞれの課題について検討が進められた。

　これらの検討結果を受けて,文部科学省は2003年(平成15年)「新しい時代の学校～進む初等中等教育改革」を進めるにあたって,わが国の現状の課題について次のように総括している。

(1) 社会の都市化や少子化の進展を背景とした家庭や地域社会の「教育力」の著しい低下が見られる

　学校においては,いじめ,不登校,校内暴力など児童・生徒のさまざまな問題行動が顕在化し,いわゆる「学級崩壊」が社会的な問題となり,学校外においても,これまでには考えられなかったような青少年による凶悪な犯罪が続発している。また,教育の原点である家庭において,児童虐待や,家族内のコミュニケーション不在などのさまざまな問題が発生している。

(2) 青少年の間で「公」を軽視する傾向が広がっている

　個人の自由や権利が過度に強調されてきた社会的傾向とともに,子供をめぐる環境が大きく変化し,子供が人や社会との関係の中で自分を磨く機会が減少し,その結果,社会性が低下している。

　家庭でも,子供は個室が与えられ,また,携帯電話などの情報機器の発達により,家族と一緒に暮らしながらも家族との関わりをあまり持たずに生活でき,遊びに関しても,子供同士の集団による外遊びが減少し,テレビゲームが増えるなどバーチャルな世界の広がりが見られる。こうした子供の社会性の低下は,規範意識の低下につながり,「公」の軽視の傾向や,青少年が「個の世界」に引きこもる傾向を助長している。

(3) これまで行きすぎた平等主義による教育の画一化や過度の知識の詰め込みにより，子供の個性・能力に応じた教育がややもすれば軽視されてきた

　学校における教育指導は，どちらかといえば，学習の理解度が平均的な子供に合わせて一律に行われてきたため，理解が遅い子供にとっては難しく，また，理解が速い子供にとっては退屈なものとなり，その結果，学年が上がるにつれて，授業の理解度，満足度が低下するという傾向が見られる。

　また，学校制度や入試の在り方など現状の教育システムが，一人ひとりの個性や能力を最大限伸ばすためのものになっていない。

(4) 科学技術の急速な進展，経済のグローバル化，情報化など，社会経済の変化が速くなり，これまでの初等中等教育から高等教育までの教育システム全体やこれに携わる関係者の意識が，時代や社会の進展に必ずしも十分に対応していない

　このような教育をめぐるさまざまな問題に対応するためには，学校を中心とした制度改革や施策の充実とともに，学校，家庭，地域を含めた社会全体の中で教育の在り方を見直すことが当面の課題となっている。

第3節　新しい学力観

❶ 学力観の変遷

　学力は，学習によって獲得された能力であり，一般的には学校教育の成果として児童・生徒に形成された人間的能力であり，教科指導だけでなく，学校教育活動全体をとおして習得した総体である。

　つまり，学校教育の目的として教育基本法に述べられている「教育は，人格の完成を目指し，平和で民主的な国家及び社会の形成者として必要な資質を備えた心身ともに健康な国民の育成を期して行われなければならない。」ように，児童・生徒の人格全体の発達を保障するような「学力」

の育成が求められているのである。

「望ましい学力」については，次の4点があげられる。
①子供たちの，学習によって得た知識や能力という意味の「学んだ力」のみの学力ではなく，子供たちが新しい事象や問題に対して有効に働き，未知を切り開いていく「学んでいく力」である。
②豊かな人間性を備え，認知的側面と態度的側面が統合された実践力が学力である。
③人間として社会で生きる力が学力である。
④環境に対して能動的に相互作用をなし，筋道をふまえながらしかも創造的に，知識の構造としての事象事実を理解するとともに，自己の知識の構造を新しいものに作り替えていく力が学力である。

（『教育用語辞典』明治図書による）

　これらの4つの観点は，ばらばらにとらえるのでなく，総合化されたものが学力となると述べられている。

　つまり学校教育は，教師と児童・生徒の相互作用で成り立つものであり，両者の視点から見た学力を統合した新しい学力観が求められている。

　しかし，社会の進展や変化に応じて，学校教育に対する考え方も変化してきており，学力のとらえ方も時代によって異なってきた。

　わが国では，1945年（昭和20年）第二次世界大戦に敗戦するまでの帝国憲法下では，「文化財産」の継承・発展という系統的な知識体系の注入主義的な教育が重視され，系統的な知識の習得を学力ととらえる「系統学習」が主流であった。

　それが戦後の日本国憲法下での民主教育の実施にともなう，児童・生徒の生活や経験を大切にした生活単元などの問題解決学習の普及により，問題解決に至る思考力そのものが学力であるとの見方が主張され，「経験学習」が普及した。

　1960年代になって，児童・生徒の生活や体験を主体とする経験学習では，基礎学力の低下を招いているとの批判も生まれ，基礎学力の充実，

科学技術教育の向上など「系統学習」をふまえた新しい学力論が展開された。

1970年代になると「落ちこぼれ」問題が生じて，指導内容の精選，集約がさけばれ，学力の中に「わかる力」を入れる必要があるとの提起がなされた。

1980年代になると，基礎的・基本的な内容の重視とともに，児童・生徒の個性や能力に応じた教育がさけばれた。

1990年代では，生涯学習の基盤を養う観点から，自己教育力や個性重視の教育とともに，国際理解教育の推進が図られた。

2000年代になり，総合的な学習の時間が実施され，自ら学び，課題を見つけ，課題解決できる「生きる力」の育成が始まったが，学校の週5日制の完全実施もあり，学力の低下を心配する意見も出されていた。

2003年（平成15年）には，過去の10年間隔での改訂でなく，学力の低下の批判に配慮して，改訂の3年後に一部改正をした。その内容は，学習指導要領に示されていない内容も指導できることを明確化し，小学校での習熟度別指導や小・中学校での補充・発展学習が可能となるように改訂された。

2008年（平成20年）の改訂では，「生きる力」の育成，基礎的・基本的な知識・技能の習得，思考力・判断力・表現力等の育成をめざし，授業時数の増加と指導内容も充実された。小学校に外国語活動が5, 6年生に導入された。

2017年（平成29年）の改訂では，「主体的・対話的で深い学び」の導入が期待され，評価の観点も過去の「関心・意欲・態度」「思考・判断・表現」「技能」「知識・理解」の4観点別評価から「知識・技能」「思考・判断・表現」「学びに向かう力，人間性等」の3観点別になった。また，道徳が特別の教科となり，さらに小学校での英語教育の充実が図られ，3, 4年生に外国語活動，5, 6年生には教科として外国語が設置された。さらに小・中学校では，道徳が特別の教科となった。高等学校では，普

通教科の科目名が多く変更になった。

　このように国は，各時代のこれらの教育課題をふまえて，教育審議会や教育課程審議会の答申を受け，学習指導要領の改訂をおよそ10年おきに実施し，その時々の学校教育の改善に活かしてきた。

❷ 新しい学力観とその評価

　一般的に学力といえば，「学習によって習得した力」であり，児童・生徒が学校の教育活動によって習得した能力である。

　学校での教育活動は，国の定めた教育課程の基準である学習指導要領に基づいて実施されるから，児童・生徒の学力の基準は学習指導要領に示されているといえる。

　学校の教育活動は，編成されている教育課程にしたがって行われるが，各教科の学習活動だけでなく，道徳や特別活動や「総合的な学習（探究）の時間」も含まれている。

　これらすべての学習活動によって習得した力が学力であり，単に知識面だけをさすのでなく，技能面や情意面も含まれている。

　また最近は，開かれた学校づくりがなされており，教育活動は校内だけに限定せず，家庭や地域社会や企業などと連携した学習の機会をとおして，児童・生徒の学力の向上に結びつける必要もある。

　2002年度から完全学校週5日制が実施されたのにともない，学習指導要領が改訂実施され，その教育内容は縮減され，かつ「総合的な学習の時間」設定により，前述したように各教科の学習時間や学習内容が削減されたり，高学年に移行したりして，各学年で身につける学力が低下するとの不安や批判があった。

　確かに学習時間が減り，学習内容が削減されたので，知識や記憶の量として学力をとらえれば，量的には低下している。

　しかし，「総合的な学習の時間」の設定に見られるように，これからは，記憶中心でない「新しい学力観」に立って，児童・生徒が主体的に自ら

学び，自ら課題を見つけ，課題解決できるような「生きる力」の育成が必要となっている。

　進展の激しいこれからの社会では，知識中心の学力はすぐに陳腐化するのであり，この「新しい学力観」では，学力の質的な向上をめざしており，これからの生涯学習社会において，主体的に生き，自己実現できる児童・生徒の育成には，この**学力の質的向上が欠かせない**。

　2002年度から実施された学習指導要領では，「新しい学力観」に立った教育を実現するために，自ら学ぶ意欲や思考力，判断力，表現力などの能力を育成するとともに，基礎・基本を重視し，個性を活かす教育を充実することを基本的なねらいとしていた。

　そこで，「新しい学力観」を定着させるには，その学力の評価を適切に行うことが必要である。

　各教科の評価については，学習指導要領に示す目標にてらして，その到達状況を評価する**観点別学習状況の評価**を基本にすえ，評定と所見を併用し，児童・生徒の学習状況を多面的に把握できるようにする。

　具体的には，①指導と評価の一体化　②評価方法の工夫改善　③学校全体として評価の取り組みを進めること　などが求められ，学習の評価の内容については，日常的に児童・生徒や保護者に説明し，共通理解を図る必要がある。

　観点別学習状況の評価にあたっては，学習指導要領の実現状況を重視して評価するが，客観的で信頼ある評価とするには，学習指導要領の目標に準拠して到達規準を確立しておき，その学習到達度を評価する必要がある。

　そのために，「関心・意欲・態度」「思考・判断・表現」「技能」「知識・理解」の4観点別の評価規準を，各学校で地域や児童・生徒の実態をふまえ，すべての教科科目について作成する必要があった。

　また評価にあたっては，結果だけでなく，過程での評価を重視し，児童・生徒のよい点や可能性，進歩の状況などにも配慮して評価する必要

がある。さらに，評価の総合化にあたっては，**個人内評価**である自己評価なども参考にする。観点別評価の方法は，教科やその指導内容により異なるが，2017年度改訂以前の学習指導要領での，4観点別の評価方法の一例を次に示す。

① 「関心・意欲・態度」…自己評価，生徒間の**相互評価**，レポート，感想文，教師の観察記録等
② 「思考・判断・表現」…ワークシート，レポート，感想文，制作物の構想案，構想図，制作図等
③ 「技能」…構想図・制作図，作品，作業方法，実技テスト，発表会での表現，自己評価，相互評価等
④ 「知識・理解」…レポート，ペーパーテスト，個人面接，集団面接等

従来からの上記した4観点別評価は，2017，2018年改訂の各校種の学習指導要領から，「知識・技能」「思考・判断・表現」「学びに向かう力，人間性等」の3観点別評価に改められた。

その主旨は，児童・生徒一人ひとりに，「どのような力が身についたか」という学習成果を的確にとらえ，指導の改善を図り，児童・生徒自身が自らの学びを振り返り，前の学びからどのように成長し，より深い学びに向かっているかという観点で評価することが求められる。

そこで，各教師は，児童・生徒に対してその到達目標をわかりやすく示し，児童・生徒一人ひとりの到達状況を的確に把握し，指導の改善・充実に役立てることが重要である。

なお，観点別評価でも，十分評価しきれない，児童・生徒一人ひとりのよい点や可能性や進歩の状況等については，日常の教育活動の場面や通知表の総合所見等を通じて積極的に児童・生徒や家庭に伝える必要がある。

第2章 学校の教育計画

　ここでは，簡単に教育方法のあゆみを見たあと，教育方法の展開の基準となる教育課程（カリキュラム）について要点を述べる。

第1節　教育方法のあゆみ

　教育方法の重要な一つの手段である対話は，古代ギリシャで活躍した**ソクラテス**［Socrates　B.C469頃〜B.C399］の問答法にさかのぼることができる。彼は，相手との問答をとおして相手の知識や考え方の誤りを意識させ，新しい考え方を生み出させる産婆術という問答法を確立した。

　その後，近世の教育学としての始まりは，17世紀になってからであり，「知をとおして徳から信仰に至る」という認識論から『**大教授学**』を著作したチェコの神学者であった**コメニウス**［Comenius　1592〜1670］に見ることができる。

　彼は，著書のなかで，早期教育の必要性や発達段階に配慮した教育内容など教授の原則や学校の制度を構想し，自然の中に横たわる原理にならって教育すべきとする客観的自然主義を主張したが，その手法は教師主体の教授法であった。

　18世紀に入ると，この自然主義の主張は，**ルソーやペスタロッチ**により引き継がれ，新しい教育思想として展開し，実践された。

　ルソー［Rousseau　1712〜1778］は，18世紀のフランスの教育の思想家であり，児童・生徒の持つ「自然」（子供らしさ）を重視し，自然主義の教育を主張し，「ものを壊せば，すぐに与えるのでなく，困るこ

とを学ばせる」ように，理性を高め道徳性を身につけることを主張した。

彼の著書『エミール』は，エミールという架空の子供がどのように育てられていくかという姿を教育論として執筆したものである。

彼の主張は，のちに，ペスタロッチに影響を与えた。

ペスタロッチ［Pestalozzi　1746～1827］は，スイスの教育学者であり，直観が教授の基礎であり，実物教授を重視し，作業と学習の結合を主張した。

そして，児童の活動を教授の中心にすえ，まず事象を直観でとらえさせ，その印象をはっきりと意識させ，その名称や性質を理解させて，事象の本質を定義するという，直観から概念へという認識過程を提唱したのである。

彼は農場経営での挫折をとおして，身分の差別なく，実生活の場である家庭を学校教育の原型とした人間としての教育を説き，『隠者の夕暮』を著した。

ペスタロッチの考え方は，のちに，ヘルバルトやフレーベルに影響をおよぼした。

ヘルバルト［Herbart　1776～1841］は，ドイツの教育学者で，教育の目的である人間の道徳的形成を体系化した。教授の段階は，教育内容を媒介する活動とし，直観から概念への過程をとおして「明晰→連合→系統→方法」の4段階で示し，アメリカや日本の教育にも影響を与えた。

フレーベル［Froebel　1782～1852］もドイツの教育家で，幼稚園の創始者であり，子供の自己活動を重視し，幼児のための教育的遊具「恩物」を開発している。

恩物とは，単なる積み木のような玩具ではなく，ボール，立方体，円柱とか平面的な四角や三角など20組の恩物を順序立てて使わせ，万物の根底にある法則を学ばせるとした，宗教的な意味を持つ玩具である。彼は「あらゆる善の源泉は，遊びの中にあり，また遊びから生じてくる」とし，外界の認識から内面の表現を重視するという思想から恩物は生ま

れた。

その後，ヘルバルトの考え方は，ツィラー［Ziller 1817〜1882］やライン［Rein 1847〜1927］等によって，学校教育における教授法と

表2-1-1 教育方法のあゆみ

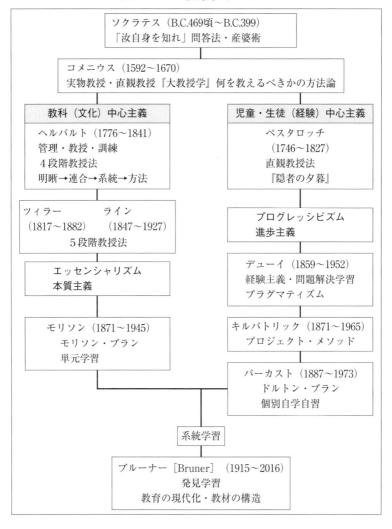

して具体化され，ツィラーは「分析，総合，連合，系統，方法」，ラインは「予備・提示・比較・統括・応用」の5段階とし，教授活動はこの5段階の順序をへて行われるとした。例えば「予備」は授業内容の予告，「提示」は内容の説明伝達，「比較」は教えた過去の内容と新しい内容を比較，「統括」は学習のまとめ，「応用」は他の事例に適用し定着を図るという教授法である。

これに対し，20世紀に入ると児童中心主義，進歩主義教育運動の展開の中で，この教授法の形式化への批判が起こり，デューイ［Dewey 1859～1952］の子供の経験や活動，問題解決による学習が重視され，プロジェクト・メソッド，ドルトン・プランなどの実践に発展した。

詳細については，第3章　学習理論で扱う。

❶ アメリカの教育プラン

(1) プロジェクト・メソッド

プロジェクト・メソッド［project method］は，デューイの後継者であったキルパトリック［Kilpatrick　1871～1965］により，1918年（大正7年）に体系化されたものである。

このプロジェクトの考え方は，職業・技術教育の教科で，生徒が計画し作業する手作業の方法として使われていたものを，すべての教科の方法論として体系化したものである。

「①目的の立案　②計画の立案　③実行　④結果の判断」の4段階でとらえている。

生徒が主体的に，課題解決の目的を持って，計画し，実行し，評価するという学習であり，教師は生徒を支援する活動を中心に行うのである。

この学習法によれば，課題意識をスタートとして，学習活動は生徒の内発性を生み出し，その課題解決により学習成果が高まるとしていた。

(2) ウィネトカ・プラン

ウォシュバーン［Washburne　1889～1968］は，アメリカの進歩主

義教育の推進者で，イリノイ州ウィネトカ市教育長をつとめ，同市の小・中学校で個別教授法であるウィネトカ・プランを1919年（大正8年）に実践した。

これは，20世紀前半の新教育運動を代表するプランの一つである。

この案は，個別学習を主体とする新しいカリキュラム構成法として注目され，「共通基本教科」と「社会的・創作活動」に分化した。前者は個別学習として，後者は集団活動として行うもので，個性に応ずる教育として評価を受けた。

(3) ドルトン・プラン

パーカスト［Parkhurst 1887～1973］は，1920年（大正9年），マサチューセッツ州ドルトンの高校で，自らの経験による個性尊重を基本とした授業改革を実践したアメリカの女流教育家である。デューイやモンテッソーリの影響を受け，自らの経験をとおして研究し，学習の個性化と学校の社会化をめざし，教師と生徒がともに学習を進めていく考え方を確立した。

個別的な自発活動を推進し，自己発展と集団生活の交互作用を2大原理とした。

午前は，主要教科である数学，歴史，理科，国語などを個別の習熟度に応じて「実験室」で，教師の助言を受け，自己評価させながら自学自習で学ばせていた。

午後は副次的教科である音楽，家庭，工作，体育の学習を，クラス集団による一斉学習で行った。

(4) ヴァージニア・プラン

1934年（昭和9年）にヴァージニア州の教育委員会から示された学習指導要領の試案である。伝統的な教科の枠を取り払い，生活問題中心の学習の考え方に立ち，その経験や生活の課題をコアとして学習活動を展開するコア・カリキュラムの実践であった。

❷ わが国の教育のあゆみ

　近代におけるヨーロッパの学校教育では，産業の進展により初等学校が普及し，産業革命によって実業に関する学校が生まれた。

　19世紀になると，国家の独立と統一の手段として，積極的に国家が学校の設立と運営に関わるようになり，19世紀後半から20世紀にかけてさらにその傾向は強まり，学校教育の国家的管理が見られるようになった。さらに人権思想が普及し，民衆の学習要求が高まり，すべての国民に教育を施すという公教育としての性格を学校教育が持つようになった。

　わが国の近代化は，明治維新により260年間続いてきた徳川幕府の幕藩体制が崩壊し，1868年（明治元年）に近代国家が誕生し，国民皆学を目標に全国的な学校組織が検討され，1872年（明治5年）の**学制発布**によって，近代教育が始まった。

　当初は，**下等小学校**が6～9歳までの4年間として初等教育が始まり，1874年（明治7年）の就学率は約32％であった。

　その後，学校教育の必要性が国民に理解されるにともない，1886年（明治19年）の小学校令により**尋常小学校**の4年間が義務教育期間とされ，1907年（明治40年）に尋常小学校の義務教育期間が6年と延長され，就学率も1909年には98％になった。

　しかし明治時代は，**国家主義教育**の色彩が強く，学校は国家の意思の上意下達機関と見なされ，教師が子供に知識や国民道徳を詰め込むことが教育の目的になっていた。1890年（明治23年）に「**教育勅語**」が発布され，これをわが国の教育の根本原理として，天皇を父とする家族国家観と忠孝を中心とした徳目の遵守を求めた教育が始まった。

　大正時代に入り，欧米の新教育の影響もあり，学校教育は児童中心の立場に立ち，自由教育主義の実践が師範学校の付属小学校や，私立の一部の小学校に見られたが，昭和に入ると国家主義・統制主義が強化され，1945年の第二次世界大戦の敗戦まで続いた。

つまり近代日本は，西欧に追いつけ追い越せを目標に，明治，大正の時代をへて，1945年（昭和20年）第二次世界大戦に敗戦するまでの80年間は国家主義教育であり，敗戦により民主主義国家として歩み出し，学校教育も個人の基本的人権に配慮した制度に変わったのである。

敗戦の翌年，1946年（昭和21年）に日本国憲法が公布され，1947年（昭和22年）には教育基本法・学校教育法が施行され，現行の6・3・3・4制の**新しい学校制度**と9年間の義務教育制度が始まり，今日に至っている。

以下，大正時代以降の教育界の動きについて，少し詳しく述べる。

大正時代（1912～1926年）になり，**自由主義教育運動**が起こり，**合科教授法**を提唱した**木下竹次**（1872～1946）の奈良女高師附属小学校での実践は，画一的学級を排し，個別学習→相互学習→個別学習を展開した。また，千葉師範付属小学校の**手塚岸衛**（1880～1936）は，自治のための学級自治会を組織し自由教育を実践した。1921年（大正10年），民間の教育者である樋口長市，河野清丸，手塚岸衛，千葉命吉，稲毛金七，及川平治，小原国芳，片上伸の8氏が明治の形式的注入主義教育を批判し，子供の自由で自律的な創造的学習を主張し，大正時代の**8大教育主張**を展開した。

また，この時代には，1917年（大正6年）に**澤柳政太郎**が**成城小学校**，1921年（大正10年）に**羽仁もと子**が**自由学園**，1924年（大正13年）に**赤井米吉**らが**明星学園**など，私立の学校が創設されている。

教育実践としては，**鈴木三重吉**（1882～1936）が児童の自由詩や綴り方を掲載した「**赤い鳥**」を創刊し，大正から昭和の初期にかけて，画一的な学習形式を排して，児童の自由な発想にもとづく文章表現を大切にした「**生活綴り方運動**」として展開され，東北地方の北方性教育運動として拡大した。

これらも，軍国主義の台頭により軍人が学校に配置されるようになると思想統制が厳しくなり，その実践には，敗戦後の新憲法下での民主教

育の展開を待つこととなった。

1945年（昭和20年）8月の敗戦を契機に，**GHQ**（連合国軍総司令部）の要請を受けた**アメリカ**の**教育使節団**が1946年に来日し，民主主義の新教育の基本方針が出され，現行の教育基本法や学校教育法などの立法措置に結びついた。

戦後の新教育運動は，アメリカのデューイなどによる進歩的な教育界の影響を受けて，経験主義に立脚した生活単元の問題解決学習が展開され，生徒の活動を重視する教育課程が主張され，コア・カリキュラムの実践が，**梅根悟**，石山脩平によってなされた。

当時の教育実践としては，**無着成恭**の山形県の山村での「**山びこ学校**」の実践（1951年）や**斎藤喜博**の群馬県の山村での新しい学校づくりの実践（1952～1962年）である「**島小の教育**」などがある。

しかし，経験重視の教育に対し，教育内容は科学にもとづくべきで，経験重視により知識・技能の低下を招いているとの批判が出てきた。

1957年10月にソ連で初の**人工衛星**が打ち上げられると，アメリカやわが国でも科学技術教育の振興が重視され，経験重視の教育から教育の現代化が主張され，科学的論理的思考の育成をめざし，知識中心の系統学習が推進されることになった。

しかし，その後，学歴偏重の弊害が顕著になり，1980年代になると基礎基本の重視，自己教育力の育成がさけばれた。個性重視の教育により自ら学び自ら課題解決できる「生きる力」の育成をめざし，2002年から実施された「総合的な学習の時間」は，それまでの教科中心の教育から，生徒の自主的活動を重視しながら教育活動の総合化により，「生きる力」の育成をめざしているといえる。

さらに，21世紀における教育方法の展開は，教育メディアの発達や個性重視の教育の推進とともに，地域と一体化した各学校の特色ある学校づくりにより，新しい教育方法の開発が求められている。

とくに，高度情報通信の普及により，学校教育も生涯学習の一機関と

してとらえ直すとともに，グローバル化した世界でeラーニングに代表される，コンピュータ活用の教育が，新しい学び方や教育方法として注目されてきている。

これらのことについては，第2編で扱うこととする。

▌第2節　教育課程▌

教育課程（カリキュラム）［curriculum］は，学校教育の目的を達成するために，児童・生徒の心身の発達に応じて，人類が蓄積してきた文化遺産の基礎的・基本的内容を選択し，組織化して，配列した，教育内容の全体計画である。

教育課程は，教科科目によってのみ構成されるのでなく，特別活動や道徳や総合的な学習（探究）の時間など，学校内外の幅広い領域や活動も取り入れて編成する。

さらに，編成された教育課程を実践し，その成果を評価し，その結果を次年度のすべての学校の教育活動の改善充実に活かすカリキュラム・マネジメント機能の充実が求められている。

❶ 教育課程の機能

教育課程は，学校の教育活動の内容を，分類し配列した学校の教育計画であり，指導計画でもある。

各学校は，多様な児童・生徒の実態，地域社会や学校の実態をふまえながら特色ある学校づくりを行うことが求められている。

そこで，学校の教育計画である教育課程は，一人ひとりの児童・生徒にとって，個性を最大限に発揮できるように，柔軟に編成されることが求められている。

(1) **教育課程の基準**

教育課程の編成の基準となる学習指導要領も，各学校が柔軟な編成が

可能なように，基準の大綱化をすすめ，生徒の選択幅の拡大や，学校設定教科・科目の導入を図っている。

2002年度から実施された学習指導要領では，学校の教育活動として，各教科，道徳，特別活動の領域以外に各領域を包含する「総合的な学習の時間」が新しく設定され，児童・生徒の主体的な学習活動を大きく拡大させ，「生きる力」の育成につながるように，各学校の工夫した教育課程の編成が期待されている。

教育課程は，年間計画を基本としながらも，必要に応じて，学期，月，週，日別，単元別などの計画も作成され，教育活動の充実に貢献している。

各学校における教育課程の編成は，校長の監督のもとに校務分掌の機能を活用しながら，全教師の協力によって行うことが非常に重要であり，その最終的な決定権限は校長にある。

(2) **教育課程の類型**

教育課程の編成にあたり，教材となる文化遺産や知識を重視する教育課程とするか，児童・生徒の生活や体験を重視するかにより，教育課程（カリキュラム）の形態は異なってくる。

代表的なものとしては，教科中心のカリキュラムと経験中心のカリキュラムがあり，両者の間に統合的なカリキュラムがある。

1）教科カリキュラム [subject curriculum]

社会の文化や科学の内容から基礎的・基本的事項を選択し，教科別の教育内容として分類構成し，その教科内容を系統的に提示し，効果的に指導しようとするカリキュラムである。つまり，**教科カリキュラム**は，知識や技術を系統的・組織的に伝達するのには適しているが，児童・生徒の興味・関心や能力や適性を無視し，知識の偏重や受動的な暗記中心の学習になりやすい。

また，教科カリキュラムは，各教科間の関係が失われやすく，児童・生徒が学習した内容がばらばらで，全体的に統合して理解することが困

難で，各教科の知識や技能を統合して活用でき，創造的で人間性豊かな人格の育成は困難である。

　この欠点を補うために，教科を統合する例として，理科と社会科を統合した生活科や地理と歴史を統合した地歴科を設けたり，地理，歴史，公民を統合した社会科などの例がある。

2）経験カリキュラム［experience curriculum］

　児童・生徒の生活経験を中心に，学習または指導すべき内容を配列したカリキュラムである。経験主義や生活主義の立場から，教科の知的体系よりも児童・生徒の生活や経験における成長・発達を大切にしながら，知識はそのための手段として活用する。

　つまり**経験カリキュラム**は，児童・生徒の興味・欲求など内的な動機づけにより，主体的・個性的な学習を大事にし，生活や環境を適切に処理できる問題解決能力の育成が重視されるので，自主性の育成，全人的な発達をはぐくむカリキュラムである。しかし，教育内容の組織化や系統化が難しいことや，文化遺産の伝達が軽視される傾向や教育評価が難しいなどの指摘がある。

　この考え方は，19世紀末から20世紀にかけて，アメリカの進歩主義教育として展開され，デューイ［Dewey, J.］は学習者中心の経験カリキュラムを開発実践し，キルパトリック［Kilpatrick, W. H.］は，生産プロジェクトや知的プロジェクトなどのプロジェクト重視の内容編成を行った。

3）統合的なカリキュラム［integrated curriculum］

　社会の進展にともない，児童・生徒に習得させる教科とその内容が増加し，教科内容の定着も不十分となり，かつ全人的な人間形成の教育機能が低下した。

　そこで，統合カリキュラムは，教科の並列的で分化しすぎた各教科の指導内容を，「合科」や「統合」により改善しようとするカリキュラムである。

　「合科」は，教科は存続させながら，中核となる各教科を中心に全教

科を統合しようとする試みで、「合科学習」などの実践例がある。

「総合的な学習（探究）の時間」は、統合的なカリキュラムの特質を活用するものである。

4）コア・カリキュラム［core curriculum］

教科や経験の中から統合された領域をコアとして中心的な位置に配置し、その周りに他の教科または生活領域などが配置された構造のカリキュラムである。

コア（統合的な領域）としてどのような内容を学習させるか、また、いわゆる教科外活動をどのように位置づけるかによって、いろいろな形態が考えられる。

アメリカのヴァージニア州では、社会的なニーズをコアとして教科を統合して再編した。

日本の事例では、地理・歴史などの細分化された教科の内容の、合科として社会科が生まれ、地域社会の学習資源を教育内容に活かすなどの実践が行われてきた。

しかし、現在の高等学校の社会科は、地理・歴史・公民に分科している。

❷ 教育課程編成の手順

各学校は、教育目標［education objectives］の実現のために、校長の責任のもとで、全教師の協力によって、児童・生徒の実態に即した特色ある教育課程を編成することが大切である。

教育課程を編成するにあたっては、まず、学習指導要領［course of study］および各都道府県教育委員会の「編成基準」にしたがうことが義務づけられている。

また、学校や地域社会の実態についても考慮し、中学校は小学校、高等学校は中学校との関連性に配慮して編成する必要がある。

編成作業手順としては、具体的な作業に着手する前段として、組織づ

くりや調査研究なども必要である。

　各学校が特色ある教育課程を編成するためには，その前提として各学校の学校教育目標［school education objectives］の設定が必要となる。

　各学校の教育目標は，教育基本法や学校教育法等に定められた教育の目的や目標および教育委員会の教育目標等をふまえ，児童・生徒，学校および地域の実態に即し，学校としての教育理念や目的に留意し，校長のリーダーシップのもと，全教職員の共通理解のもとにつくられなくてはならない。

　その目標としては，発達段階に応じて，国民として必要とされる基礎的・基本的な内容を重視し，児童・生徒の個性や能力に応じた教育の推進や，豊かな心を持ちたくましく生きる日本人の育成や，生涯を通じて学ぶ意欲と社会の変化に主体的に対応できる「生きる力」の育成をめざすねらいと内容を盛り込む必要がある。

　さらに，人間としての調和のとれた，心身ともに健全な国民の育成への期待が込められている。

　そこで教師は，学校の教育目標を日常の教育実践の指針とし，教育活動に活かすようにつとめる必要がある。

　学校の教育目標は，教育の特質から見ても，毎年目標を大きくを変えていくものではない。しかし教育目標は，次年度の教育計画の立案にあたって，本年度の反省をもとに，結果的には改訂しなくとも，毎年見直す必要があり，時代の進展や児童・生徒の実態の変化に配慮して，改善点が見つかれば教職員の合意のもとに改めることをためらってはならない。

　その場合，教育目標が，長期的な視野での目標と短期的な視点での具体的な行動目標として分けて設定してあれば，長期の目標は3年ぐらいのスパンで見直し，短期的な視点での具体的な目標はその年の教育課題によって毎年見直すことで，新たな気持ちで新年度からの教育活動に取り組むことができる。

(1) **編成手順**

　教育課程の編成にあたっては，各学校の教育目標の達成をめざし，日本国憲法，教育基本法および学校教育法の定めにしたがい，さらに高等学校学習指導要領の示す基準や各都道府県の教育委員会が作成した「公立学校教育課程編成基準」にしたがって編成する。

　ここでは，高等学校の編成を例にして述べる。

　まず，学校の教育目標をよく理解し，育成する生徒像を明らかにし，学習指導要領の趣旨をふまえ，その上で卒業に必要な修得総単位数，必履修教科・科目の最低合計単位数および選択教科・科目の単位数等を決定し，編成する。

　さらに，生徒が学習内容を確実に身につけることができるような指導方法や指導体制を組織化し，学校の特色や校風を引き出すための教育活動等を組み入れて編成することが求められる。

　具体的には，次のことを総合的に決定する。

1）教育目標の設定

　学校は，教育を組織的，継続的に実施するため，学校教育法等に示された高等学校の目的や高等学校教育の目標を基盤にしながら，地域や学校の実態に即した教育目標を設定する。

2）指導内容の組織化

　学校は，学校教育法施行規則および高等学校学習指導要領等に示されている基準にしたがって地域や学校の実態および生徒の特性等を考慮して，指導内容を選択し，組織化する。

3）授業時数の配当

　授業時数は，教育の内容との関連において定められるべきものであるが，学校教育は一定の時間内において行われなければならないので，その配当時数は教育課程の編成上きわめて重要である。したがって，学習指導要領に示された各教科・科目の標準単位数にもとづいて，具体的な単位数を配当し，授業時数を確定する。

4）教育課程編成の配慮事項

　教育課程編成のためには，機能する組織をつくり，教職員の共通理解のもとに編成上のルールを作成し，実際の編成作業を行う。

　編成方針の決定にあたっては，次のことに留意する。

①学校の実態の把握

　学校の歴史的背景，生徒の実態，地理的環境，施設設備の状況および人的構成などの実態を正しく把握する。

②学校に対するさまざまなニーズを把握し，改善に役立てる

　中学生のニーズや在校生の率直な意見や要望，また，中学生の保護者の教育方針や在校生の保護者の学校に対する期待なども把握する。

　そのためには，学校運営連絡協議会の学校に対する評価を活用したり，開かれた学校など地域のニーズも把握する。

③現行教育課程の問題点と改訂のねらいの周知徹底

　現行の教育課程が実態に合ったものであるかどうかを分析する。その分析結果をふまえて，新学習指導要領および新教育課程の編成基準や編成の配慮事項等を十分検討し，共通理解を深める。

④学校の個性化・特色化を推進する

　中学生が高等学校を選択するために必要な判断材料を提供するという観点に立って，各学校の個性・特色を明確にする。

⑤教育課程の評価と改善

　教育課程を実施した上で教育課程の評価を行うことは，学校が本来の機能を果たしているか否かを検証する意味で重要である。

　また，その評価をもとに必要に応じて教育課程を改善しなければならない。したがって，毎年度学校は，学校評価基準［school evaluation standard］にもとづく評価やカリキュラム・マネジメント等をふまえて教育課程の改善を行い，その成果を次年度の編成に活用する。

　教育課程の編成とその評価は，従来から学校経営や学校評価の一環として実施されてきたが，ともすると一部の分掌の教員に任されたり，分

掌等によりばらばらの取り組みが見られてきた。そこで，カリキュラム・マネジメントにより，学校評価をヒト・モノ・カネ・情報・時間などの経営資源との関連でとらえ，先生方をはじめとした学校関係者のすべての知恵を結集して，学校運営が合理的かつ整理統合された協働的な取り組みとなり，児童・生徒一人ひとりにとっては，最善の教育成果が期待できるようにすることを目標としている。

(2) **教育課程と指導計画**

　教育課程は，学校全体の教育計画であり，それにしたがって各教科ごとに具体的な指導内容などを配列したものが指導計画である。

1）指導計画

　指導計画は，具体的な実施に重点をおいたもので，各教科・科目，道徳科，特別活動および「総合的な学習（探究）の時間」について，それぞれの指導目標のねらいを実現するように，指導内容，指導の順序，指導方法，使用教材，指導の時間配当等を定めて，具体化した計画である。

　教育課程の実施は，各学級担任・教科担任などの教師が，学校の教育目標を児童・生徒の発達段階に応じて具現化するため，指導計画にしたがって教科指導・特別活動・道徳科・「総合的な学習（探究）の時間」などの指導を行うことである。

　指導計画にしたがって教育活動を実施したのちは，そのつど必ず評価を行い，次年度の指導計画や教育課程編成の改善に活かすことが大切である。

　その際，教育委員会が作成している「学校評価基準」を活用するとよい。

　なお，指導計画には，年間計画，学期や月ごとの指導計画，週案，日案，毎時間ごとの学習指導案などに至るまでさまざまなものがあり，校種や学校の実態に応じて作成されている。

　各学校は，地域や学校の実態，課程や学科の特色，生徒の心身の発達段階および特性等を十分考慮し，特色ある教育課程にもとづき，望まし

い指導計画を作成する必要がある。

　なお，指導計画は，適時適切に再検討し，必要があれば修正を加えられるように，弾力性のあるものとする。

２）指導計画の配慮事項

　指導計画の作成にあたって配慮する一般的事項として，次の３点があげられる。

①各教科・科目および特別活動，道徳科，「総合的な学習（探究）の時間」などの指導内容は，相互の関連を図り，全体として調和のとれた具体的な指導計画とすること。

②発展的・系統的な指導ができるような指導計画であること。

③学校の創意工夫を活かした指導計画であること。

　また，学習指導要領に示されていない事項の指導は，目標や内容の趣旨を逸脱したり，生徒の負担過重にならない配慮が必要である。

　さらに，児童・生徒の人間としての調和のとれた育成をめざし，児童・生徒の特性や進路等に配慮するとともに，学習の習熟の程度に応じた指導を工夫することが重要である。具体的には，主体的・対話的で深い学びが実現できるように，個別学習やグループ学習，情報機器の活用やティーム・ティーチング等さまざまな指導方法を工夫し，一人ひとりの児童・生徒の個性を活かした指導につとめる必要がある。

第 3 章 学習理論

　学習とは，経験することによって新しい知識や技術を習得することであり，広義には精神・身体の後天的発達も含まれる。
　つまり，学習とは，経験を通じて行動や技能の習熟，能力や学力向上，態度や性格の形成，興味や関心の高まり，知識・理解の深化などの目標達成をめざし，比較的永続的な行動の変容が生ずる過程であり，この変容に関する理論について，この章では学ぶ。

▍第 1 節　学習の原理 ▍

　学習には，刺激と反応とが結合するような単純なものと，特殊な転移や思考に関わる複雑なものとがある。
　九九の習得や漢字の記憶などは単純な学習になるが，思考力や創造力の育成やコミュニケーション能力の育成などは複雑な学習である。
　ここでは，代表的な学習理論として，刺激・反応理論と認知理論についてまとめ，後半で学習の成果を強化する動機づけについて述べる。
　学習が行われる過程には，**連合説**［association theory］と**認知説**［cognitive theory］があり，連合説は，外界の刺激［S：stimulus］とその反応［R：response］との間には結びつき（連合）が生じ，これを「学習」とする考え方で「S-R 理論」ともいわれる。
　また，認知説は，外界の刺激全体に対する「認知」の変化が「学習」であるとする考え方で，S-S 理論［sign-significance theory］（記号意味説）ともよばれる。

❶ 連合説

(1) パブロフの条件反射説

　パブロフ［Pavlov　1849～1936］は，犬に餌を与えるときに，光や音を何度も同時に繰り返していると，犬は光や音だけで唾液を出すようになる，すなわちある条件を繰り返すことで，本来結びつかない条件刺激（光，音）と条件反応（唾液）の関係が成立することを実験で明らかにした。

　このように，条件刺激が条件反応を引き起こし，学習を成立させる過程を「古典的条件づけ（レスポンデント条件づけ）」とした。

　また，古典的条件づけは，条件刺激と無条件刺激が時間的に接近しているほど速やかに学習がなされるとし，これを接近の原理という。

(2) スキナーのオペラント条件づけ

　スキナー［Skinner　1904～1990］は，箱の中のレバーに触れると，餌が出てくる仕掛けをつくり，ネズミをその箱の中に入れて実験した。

　この箱の中の絶食させたネズミは，餌を求めて動きまわるうちに，偶然にレバーに触れ，出てきた餌を食べることができる。このような経験を繰り返すうちに，ネズミはレバーを押せば餌が食べられるという行動を獲得する。

　このような行動や反応が「自発する」学習という意味から，スキナーは**オペラント（自発的）条件づけ**［operant conditioning］とした。

　また，オペラント条件づけは，道具的条件づけともいわれ，欲求を低減，解消させるのに必要な道具または手段となる反応の学習をいう。

　与える餌は，報酬となって学習を促進させ，正の強化となる。他方，罰を与えることで，ある特定の行動を消去させることも可能である。

　さらに，賞罰を組み合わせ，複雑な行動を学習させることもできる。

　この原理を応用した学習指導法としては，プログラム学習があり，スモールステップや強化の原理を活用し，反応制御と刺激制御とを組み合わせて，効果的に学習させるもので，CAI［Computer Assisted

Instruction] などの学習に取り入れられている (p.59 参照)。

(3) ソーンダイクの試行錯誤説

　ソーンダイク [Thorndike　1874～1949] は，箱の中のひもを引くと扉が開いて箱の外の餌にありつける仕掛け箱に，空腹な猫を入れて実験した。猫は，餌を取ろうと柵から前足を伸ばしたりしているうちに，偶然ひもに前足がかかり，扉が開き，餌にありつける。

　猫はこれを反復すると，無駄な反応が少なくなり，箱からの出方を学習する。これを**試行錯誤説** [trial and error learning] という。

　ソーンダイクは，この学習の成立過程を次のように考えた。

　ある刺激状況 [S：stimulus] で，ある反応 [R：response] を行い，それがもし満足をともなえば，そのSとRの間の結合は強くなり，SのもとでRが起こる傾向が強くなる。一方，同じことが不満足をともなえば，SとRの結合は弱くなり，SのもとでRは起こらなくなる。このことから「効果の法則」と名づけた。

❷ 認知説

　学習は，刺激と反応とに分けられるものでなく，有機的に結びついている，すなわち，学習の対象の構造を学習者が認知して，それをもとにした見通し，**洞察** [insight] によって行動の変容が起こるとする考え方である。

(1) ケーラーの洞察説

　ドイツのゲシュタルト心理学者である**ケーラー** [Köhler　1887～1967] は，チンパンジーの知恵実験をとおして，学習が試行錯誤的に行われるのではなく，洞察によって行われることを主張した。

　例えば，チンパンジーは，檻の外にある果物を手に入れるために，まず短い棒で長い棒を引き寄せて，その長い棒で果物を引き寄せることに成功した。また，チンパンジーは，宙にぶら下がっているバナナを取るために，箱を積み重ね，その箱に上ってバナナを取った。

ケーラーの観察によると，初めのうちは多少の試行錯誤を行うが，簡単に解決しないとわかると考え込むような動作（頭の中での試行錯誤）をし，突然ひらめいたように正しい解に到達するとした。

ケーラーは，学習者はその洞察力によって，問題場面を構成している要素間の関係を見てとり，その関係が把握されると即座に解に至るとした。

例えば，最初は短い棒，長い棒，果物は，ばらばらの存在であったのが，それらを相互に関係づけて，短い棒は長い棒を取るための道具として，さらに長い棒は果物を取るための道具として認知するようになる。

そして，それまで行ったことのない正しい行動を即座に行うようになると考えた。ケーラーのこのような考えを洞察説［insight theory］という。

(2) トールマンの記号学習説

アメリカの新行動主義者トールマン［Tolman　1886～1959］は，ケーラーの認知学習の考え方を引き継ぎ，人や動物の認知を重視した学習理論を展開した。

彼は，複雑な迷路を学習するネズミは，右とか左とかの反応を学習するのでなく，その経験をとおして迷路の配置の心的表現である認知地図（知識）をつくり上げ，その地図を読みながら迷路の中を正しく走ると，その行動を説明した。

ネズミの迷路学習で，餌のない迷路とある迷路で比較実験した結果，餌のない迷路学習では成績が悪いが，それでも迷路の潜在学習はなされており，餌を置くと急激に成果が上がることを突き止め，目標とそれを導く手段との関係の認知が学習を仲介すると考えた。

学習は，単純な刺激と反応の連合ではなく，記号（サイン）として意味を持つ刺激対象が与えられると，どのような手段を用いるとどのような目的につながるかという認知が形成されるとした。

トールマンのこのような考え方を，記号学習説［sign learning theory］

という。

(3) レヴィンの場の理論

ドイツのゲシュタルト心理学者の**レヴィン**[Lewin 1890～1947]は，学習を認知構造の変化ととらえ，行動は人格と環境の相互作用によって決定されるとする**場の理論**［field theory］を唱え，行動の基本原則を数式であらわした。

B：行動［behavior］　P：人格［person］　E：環境［environment］
f：関数［function］　　　B＝f（P・E）

つまり，行動は，相互依存的な人格と環境（物理的でなく心理的なもの）の関数であるとし，学習を全体論的にとらえようとした。

❸ 学習の過程

学習は，その結果の成果だけを問題にするのでなく，学習の流れである学習過程がその後の学習に影響を与えるとの考えに立ち，授業設計や教材開発にあたって，学習がどのような過程をへて成立するかという分析が必要である。

学習の過程を段階的に示すと，①学習意欲を引き出す動機づけの段階　②学習課題を把握し学習が展開する段階　③学習行動が深まり定着する段階　④定着した学習成果が次の学習に活かされ，転移する段階　となる。

そこで，学習の各段階の流れを分析し，その形式や構造から学習について検討する。

(1) 学習の分類

アメリカの学習心理学者の**ガニェ**［Gagné 1917～2002］は，学習の種類を，単純なものから複雑なものへ，次の8種類に分類している。
①**信号学習**［signal learning］刺激に対して反応することを学ばせる。
②**刺激反応学習**［stimulus-response learning］刺激に対して報酬や肯定を与えて学習させる。

③**連鎖学習**［chaining learning］次々に関連する事項を学習させる。

④**言語的連合学習**［verbal associative learning］単語や文など言語的な素材の学習で，日本語と英単語を対にして記憶するような学習。

⑤**多重弁別学習**［multiple descrimination learning］多くの刺激を識別して反応できることで，迷路の分かれ道を正しく選択できるような学習。

⑥**概念学習**［concept learning］対象の全体的な共通の面について識別反応できる学習で，多くの仲間を「学生」という言葉でまとめられたとき，学生という概念が学習された。

⑦**原理学習**［principle learning］課題の中の原理と概念を活用し学習する。

⑧**問題解決学習**［problem solving］課題に潜む問題点を，複数の原理を活用し，解決する学習。

　これらの学習は転移するので，単純な学習は，その上位の複雑な学習に包含され，それぞれ学習階層をなしていると考えた。

(2)　動機づけ

　動機づけとは，「行動の原因となって行動を始動させ，目標に向かわせる力」と定義されている。

　授業は，ただ単に児童・生徒を教室に集めても，生徒に学習する意志や意欲がなければ学習は成立しない。そこで，児童・生徒に学習意志や意欲を持たせることが動機づけである。

　動機づけは，外発的動機づけと内発的動機づけに分けられる。

　1）**外発的動機づけ**［extrinsic motivation］は，賞賛，叱責，競争の影響を受けて学習する例があげられる。

　一般的には，罰よりも賞の方が動機づけにはよい効果をもたらす。

　2）**内発的動機づけ**［intrinsic motivation］は，外的に与えられる賞や罰によるのでなく，学習活動それ自体によって動機づけられる場合である。

内発的動機づけの例としては，興味・関心・意欲・向上心や成就感・達成感や未知への関心を高めることなどがある。

このように内発的動機は，人間に内在する内からのやる気であり，生涯学習社会の中での生きる力の育成をめざし，授業でも内発的な動機づけを多く用いる工夫が期待されている。

❹ 学習の転移

学習の転移［transfer］は，既習の経験や学習が，その後の学習に影響を与えることであり，既習事項が促進的に作用する正の転移と，妨害的に作用する負の転移がある。

転移の要因は，既習事項の学習とあとの学習との類似度および生徒の先行学習における理解度および知能や年齢なども関係する。

(1) 形式陶冶と実質陶冶

陶冶［Bildung　独］とは，陶芸や鍛冶屋職人が素材を鍛えてモノをつくり出すように，「能力や人格を鍛えて立派なものにする」ことであり，人材を育成する教育に通じる言葉である。

学習の転移の意義のとらえ方の違いにより，**形式陶冶**と**実質陶冶**という教育上の考え方がある。

形式陶冶は，学習の知識内容を習得させるよりも，知的能力を形式的に訓練するとその能力は他に転移するとの考え方で，能力の訓練を重視している。例えば，数学を学ぶのは「計算力」よりも「数学的な考え方」を重視する。つまりその知識よりもその学習過程に学ぶ価値があるとしている。

しかし，学習過程での幅広い転移は存在しないことがわかり，教科の実質的な内容的価値に着目する実質陶冶が注目されてきた。

現在は，両者を融合し，学習の転移を最小限に考え，習得する知識内容を重視し，教育内容としての基礎的な知識や技能を学習させながら，その学習の過程で同時に思考や課題解決の能力も習得させ，実際に生活

に活用できる「生きる力」を身につけさせる考え方が，一般的になっている。

(2) **学習の構え**［learning set］

アメリカの実験心理学者ハーロウ［Harlow 1905～1981］は，サルの**弁別学習**の解決過程を分析し，学習過程の途中までは試行錯誤的な反応をするが，課題解決に近づくと洞察学習的な反応が現れることを発見した。

これは，サルが多くの弁別学習を行うことにより，一方がダメなら他方を選ぶという各種の課題に通ずる方策を学習した成果であるとした。

このように，ある種類の学習を経験するなかで，多様な学習手法を繰り返すうちに，望ましい学習の手法が身につけば，「学習の構え」が形成されたという。

つまり，人は誰もが日常的に異なった課題に直面しており，異なる構えが形成されるから，何をどう学習するかは，それぞれの人により異なってくることは当然である。

「学習の構え」は，学び方を学習するのであり，生涯学習社会に生きる児童・生徒に大切なものである。

❺ 学習の方法と個人差

学校の一斉指導の授業では，多人数の児童・生徒を一斉指導する形態がとられている。

しかし，一斉指導でも常に教師は，**個人差**［individual difference］に対する指導を重視し，例えば個々の生徒が自分の考えをしっかり持てるように指導することが個性化をめざした指導であり，また指導法の工夫により個々の生徒に個別的な教材を与えて指導する方法が，個別化の指導である。

(1) **全体学習法と部分学習法**

全体学習法（全習法）とは，学習課題を分けることなく一つのまとま

りとして学習する方法であり，**部分学習法**（分習法）は，学習課題をいくつかの部分に分けて学習する方法である。

　学習課題の解決にあたり，全体を見通した学習が必要であり，その面からは全体学習法が望ましいが，学習課題が大きい場合や児童・生徒によっては，まず部分学習法で理解を深め，最終的には部分学習の成果を統合して全体的な理解に発展させる方法もある。

　これらの学習法は，学習課題の難易度やその分量をはじめ学習者の能力などにより活用法が異なってくる。

　一般的には，学習課題が有意味で量的に少ない場合や学習者の知的レベルが高い場合などは，全体学習法が効果的であり，その逆の場合は分習法が効果的である。

　とくに，学習課題が大きい場合は，部分学習法により各部分の学習課題の理解は深まりやすいが，全体としての理解が不十分になるので，両学習法の適時・適切な組合せが望まれる。

(2) **集中法と分散法**

　集中法とは，100分授業や実験・実習の授業のように，休憩時間を入れないで数時間を連続して学習を行う方法である。

　分散法とは，50分の授業を分割して25分授業を2回に分けて学習する方法である。英語などの授業で，毎日繰り返し学習させたい場合などに活用されている。

　集中法と分散法の効果については，学習材料の困難度や量，学習者の能力，学習への興味・関心などにより違いがでる。

　一般的には，短時間に集中させ，繰り返しの学習により効果が期待される場合は，分散法が用いられている。

(3) **学習のスタイル**［learning style］

　学習スタイルは，学習にあたり児童・生徒一人ひとりに合った学習活動の様式や方法のことで，それぞれの生徒が好んで用いる学習のやり方である。

ネーションズ［Nations］は，学習者が環境と接触するとき，「視聴覚のどの感覚器官を主に用いるか」や「一人学習またはグループ学習を好むか」，「授業に積極的に参加するか，傍観しているか」など反応様式を見たり，「手順をふむか直観的に行動するか」，「演繹的または帰納的に学習するか」の思考の型などによって，学習スタイルは異なってくると指摘している。

最近は個性重視の教育により，個人差を認め，個性を最大限に伸ばす学習が期待されており，生徒個々の学習スタイルが注目されている。

つまり，能力や適性，態度，性格など児童・生徒の特性が異なれば，その人に対する効果的な指導方法も異なるのである。

例えば，学習活動に自信を持ち，学力の定着の高い児童・生徒には，課題解決型の学習や発見学習的な方法が望ましいし，他方，基礎力が不足している児童・生徒には，個別のきめ細かい教師主導型の指導方法が一般的に望まれている。

また，学習指導においては，個別の学習スタイルに合った指導を心がけると同時に，学習スタイルを望ましい方向に変える積極的な指導も必要である。

(4) モデリング［modeling］（観察学習）

モデリングは，児童・生徒が教師の行動を見て，その行動様式を学ぶように，他者をモデルとしてその行動を観察して自分に取り入れる学習様式である。アメリカのバンデューラ［Bandura］が命名したもので，**観察学習**ともいう。

彼は，学習は学習者自身の実際の経験をとおしてのみ成立するという伝統的な学習理論に対して，学習は他者のいろいろな行動観察から創造的な独自の行動を組み立てることができるとした。

また，学習者自身が強化（学習体験）を受けなくても，モデルが強化を受けることで学習が生じるとする**代理強化**は，人が直接経験をしなくとも，モデルの行動から適切な学習が可能となるとした。

(5) 記憶 [memory]

　記憶とは，過去の経験を保持し，後にそれを再現する機能である。

　記憶の過程には，記銘，保持，再現という3つがある。

　記銘とはあることがらを覚える過程，保持とは覚えた内容を忘れないように貯蔵しておく過程，再現とは保持しておいた内容を思い出して表現する過程である。

　ドイツの心理学者エビングハウス [Ebbinghaus　1850～1909] によって記憶の研究は始められ，記憶に関わる現象を客観的，数量的に測定し，初めて実験的方法を導入した。

　彼は，記憶実験に，数系列や**無意味綴(つづ)り**を使用した検査法を考案した。ここでの，無意味綴りとは，母音や子音をあらわす文字を人為的に組み合わせてつくった人工綴りで，単語の場合と異なり，無意味綴りに対する連想は比較的少なく，実験的分析に役立った。また，原学習と再学習との節約率により，記憶の効果を測定する再学習法を提案した。

(6) 忘却 [forgetting]

　忘却とは，脳細胞に記銘した学習内容が時間の経過とともに再認できなくなる現象である。忘却の速さは，記銘内容の性質，記銘の手続き，記銘後の精神活動など，さまざまな要因が影響している。

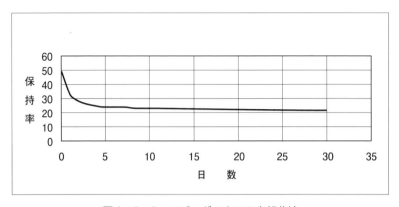

図3-1-1　エビングハウスの忘却曲線

横軸に経過日数，縦軸に記憶の保持率をとり，忘却の程度をグラフ化したものが忘却曲線である。

忘却曲線は，エビングハウスが無意味綴りの学習実験で得たものであり，図3-1-1のように，記憶は記銘直後が最大で，その後，短時間のあいだに急速に忘却は進むが，2日目以降は緩やかな経過をたどるとした。

(7) **思考**［thinking］

広辞苑によると，「思いめぐらすこと」「広義には人間の知的作用の総称」「狭義では，感性や意欲の作用と区別して，概念・判断・推理の作用」であるとしている。

つまり，刺激に対して，ある特定の行動パターンをとることなく，刺激の中から意味のある情報を取捨選択したり総合化して，一定の判断や行動を決定し，課題解決するという一連の精神活動が思考の特徴である。

思考は，具体的な課題が目標として与えられている場合に，方向性をもって意図的に行われるものである。

思考という精神的なはたらきを能力としてとらえたものが思考力である。

思考の分類には，既知の知識やその記憶を再現して問題を解決する再生的思考や，まったく新しく最適な方法を見出すような思考（生産的思考または創造的思考）などがある。

創造的思考を活用した討議法として**ブレインストーミング**（p.62参照）という方法がある。これは他の多くの討議法とは異なり，議題を前もって定めることなく，自由に自分が思いつくままアイデアを出し合っていく方法である。

また，直観的思考は直観や勘をもとにした思考であり，論理的思考は論理的な道筋を明確にした思考である。

第2節　学習指導の形態

　学習指導の形態は，以下に述べるようにいろいろあるが，各教科や教材の内容により，児童・生徒が主体的かつ意欲的に学んでいけるような形態を活用する。
　さらに，一時間の授業の中で，一斉学習で始まり，途中で班別学習や個別学習を取り入れたりすることは，常に行われており，必要に応じて最適な学習指導の形態を選択し，どう組み合わせて活用するかが，よい授業をつくり出す条件の一つである。

❶ 学習形態の特質

　以下に例示した学習形態は，どれが最適であるかでなく，各教科や教材の内容や児童・生徒の特質に配慮しながら，それぞれの学習形態のよさを理解し，授業の各場面にどのように活かすかが教師に求められる。

(1) 問題解決学習

　問題解決学習［problem solving method］とは，児童・生徒が学習の過程で，問題を主体的に発見し，適切に解決できる計画や方法を選択し，その問題解決に主体的に取り組むことにより，思考力，判断力，洞察力を身につける学習方法である。
　具体的には，学習者が日常経験する事象の中から問題を把握し，解決のための資料を集め，問題の解決のための仮説（予想）を立て，その仮説にもとづき解決を試み，問題が正しく解決しているか検証する。その学習過程で科学的な考え方を学ぶのである。
　この学習指導によって得る知識や認識は，探究的かつ論理的な思考過程をとおして獲得されるので，真に生きて働く力になるとの考え方である。
　問題解決学習は，デューイ［Dewey　1859～1952］の経験主義と児

童中心主義を背景として生まれたものであり，アメリカでは，20世紀の初め，単元学習やプロジェクト・メソッド［project method］に活かされ，わが国では第二次世界大戦後の新教育運動の中で，単元学習やコア・カリキュラム［core curriculum］に活かされ，実践された。

しかし，具体的場面で何を学習させるのか，科学の体系を十分に学習させられるのかなどの問題点が生じ，1950年代に問題解決学習が基礎学力の低下を招くとして，この方法は衰退した。

(2) **系統学習**

系統学習［system study］は，教科内容の科学性と系統性を重視し，科学・技術の成果をもとに，知識や技能を，一歩ずつ系統的に順序よく指導し，的確に習得させることをめざしている。

系統学習の立場からは，問題解決学習では生活単元学習が中心となり，教科の客観的知識や体系的・本質的な認識を，児童・生徒に身につけさせられないとの批判が出てきた。

折しも，1957年ソ連が世界最初の人工衛星スプートニック1号の打ち上げに成功すると，アメリカでは自国の数学や科学技術の教育内容の現代化の推進が求められ，系統学習のもとに物理や数学等の教育内容の改善が図られ，わが国の学習指導要領の改訂にも影響をおよぼした。

このように系統学習は，1960年代に「**教育の現代化**」の運動として展開されたが，1970年代になると何を根拠にして科学性，系統性を構成すべきかが必ずしも明確ではないとし，教科の論理性と児童・生徒の心理性をもとにして学習の系統性をつくりあげる必要性が強調された。

さらに，系統学習では，知識や技能を的確に習得させたいために，詰め込み教育を助長する傾向も見られた。

(3) **発見学習**

発見学習［discovery learning］は，児童・生徒が科学的概念や法則を，思考活動の中で自分で発見できるように指導計画された学習活動であり，ブルーナー［Bruner 1915〜2016］により提唱され，アメリカで

は1960年代から1970年代の新カリキュラムとして実践された。

つまり，できあがっている結果としての概念や法則を学習するのでなく，それが生成された過程を追体験させ，あたかも自分自身でその法則を発見し創造したと実感できるように指導する。

学習方法は，一般的に「①学習課題の把握，②仮説の設定，③仮説を検証し概念にねり上げる，④確認の段階　実施検証し深める，⑤発展の段階　次の学習へ結びつける」という学習過程であるが，その指導にあたっては，生徒の主体的な発見を待つだけでなく，児童・生徒の学習活動により教科内容を概念化し法則化できるように，教師の適切な指導・助言の活動も重要である。

この手法は，学習継続が困難な低学年の児童や学習意欲の低い生徒にとっては，すぐに飽きてしまう傾向があり，適切な指導法ではない。

発見学習に通ずる手法として，探究学習，主体的学習，学び方学習などがあり，これらの手法は，学習指導要領のねらいである，アクティブ・ラーニングにも通じ，自ら学び，自ら課題を見つけ，課題解決できる「生きる力」の育成にもつながる。

(4) 範例学習

範例学習［paradigm learning］は，1951年に旧西ドイツの教育会議において，教育内容の過剰化による学力低下が指摘され，そのために学んだ知識や概念は言葉として知っていても，活用できる知性や理性に結びつかず，その対応策として提案された学習方法である。

つまり，多くの教育内容や教材の中から精選により本質的で典型的な事例を「範例」として抽出して取り上げ，それを集中的に学習することにより，有効な知識や概念が身につくと同時に，生徒の人格形成にも役立つ方法として提案された。

範例学習では，「①法則の基礎を学び　②その類型を学び　③全体の理解をして　④全体と個を把握する」などの過程をとおして，知識の習得が人格形成に結びつくとしている。

❷ 学習集団と指導法

(1) 一斉指導（一斉学習）

　一斉指導［studying together］とは，一定の集団の全員に対し，同一時間に同一内容を提供し，一斉に学習させる授業形態であり，主に学級（クラス）単位に指導される。

　学校教育においては，個人の人格形成だけでなく，社会の一員としての資質の習得も必要であり，集団教育活動の場は欠かせない。

　しかし，現在の学級定員を見ると，わが国は基準が40人であり，一部の自治体で自主的に少人数教育の取り組みも始まっているが，国として欧米なみの30人以下の学級定数にできるように努力すべきである。

　歴史的に見ると，一斉指導は学校教育の普及に貢献してきたが，反面，集団の中に個人を埋没させ，個性を無視し，知識や技能の注入が主体となり，教師と生徒，生徒と生徒との相互作用が少なく，「落ちこぼれ」を生み出してきた。

　しかし，一斉指導においても，必要な学習場面では，班学習や個別学習を適時・適切に配置することは可能であり，多様な学習形態が生み出せるはずであり，その工夫が教師の使命の一つでもある。

　とくに，一斉指導では，生徒個々の多様性に配慮し，**ナンバーワン**［number one］育成の指導から個別指導を創意工夫し，**オンリーワン**［only one］の育成をめざし，主体的に学ぶ一斉指導を工夫したい。

(2) 学習指導の個別化

　学習指導での個別化は，一斉学習でも小集団の学習でも，一人ひとりの児童・生徒を対象として，その生徒に応じた学習内容を確実に定着させようとして行う学習指導である。

　個別指導［individual study］により，一人ひとりの生徒を主体的かつ積極的に学習に参加させて，成就感を達成させるために，学習の個別化を推進する。

　そのためには，一人ひとりの児童・生徒の指導と評価を一体化し，教

第3章　学習理論　55

師は生徒に応じた学習目標達成の最適な学習条件を，創意工夫してつくり出す必要がある。

そこで，個々の生徒の能力差や個人差の実態を把握し，それぞれ生徒に即した学習指導ができるようにすることが求められる。

具体的な展開としては，一斉学習において，個別学習，班学習等を適切に取り入れるとともに，その学習形態に応じた教材の展開が必要である。そこで，個別化に応じたプリント教材はじめ多様な教材・教具を開発したり，各種教育機器を準備して活用することも必要となる。

(3) **主体的学習**

主体的学習［independent study］とは，伝統的な教師中心の教え込む授業で学習者が受容的立場に立たされていることから脱し，学習者が主体的に学習に取り組むことを重視した授業である。

生徒の内発的な動機に支えられており，1957年頃から村上芳夫氏により提唱された。

主体的学習では，児童・生徒の主体的意思が最も大切にされ，生徒の追究的，創造的思考をもとにして学習活動が深められるので，課題探究学習や問題解決学習に通ずるものである。

大量の学習内容を他律的に教え込まれる児童・生徒は，受験のみを目的としてただ走り続け，そこには，優劣の差別が先行し，学ぶ喜びを体得することができない。

人間形成を指向し，学び方を身につけ，学ぶ喜びを得させ，生涯を通じて自己を向上させる意欲と能力を習得させるところに主体的学習の目的がある。

(4) **有意味受容学習**［meaningful reception learning］

児童・生徒が学習内容を習得する場合，意味なく九九を暗記するような機械的な学習に対して，「有意味」とは，児童・生徒が既習している知識・技能を活かしながら関連づけ，意味を持たせて学習させる方法である。

この学習では，学習内容が児童・生徒の認知構造に関連づけられて処理されるので，機械的学習に比較して新たに学習すべき量が少なくなり，学習所要時間や記憶負担も少なくなる。
　また，有意味化された学習内容は記憶の保持もよく，転移も容易である。そこで，教科の学習内容を，児童・生徒にとって，どのように有意味化するかが重要になる。
　この理論は，アメリカの心理学者オースベル［Ausubel　1918〜2008］によって提案された。
　彼によると，発見学習などの方法は非能率的で，また発見学習であっても必ずしも有意味学習になるとは限らず，知識が児童・生徒の認知構造に関連づけられない場合は，単なる機械的学習になると指摘している。
　また彼は，有意味受容学習にあたり，その導入としては，学習内容と同じレベルの「要約や概観」を与えるのでなく，学習内容よりも高度で抽象性，一般性，包括性を持つ情報を与えるべきとして，「先行オーガナイザー」という概念を導入している。この概念は，学習に先立ち，学習内容に興味・関心を高める機能を果たすために，児童・生徒の認知構造と学習内容との関連づけを容易にする情報であるとしている。

(5)　**完全習得学習「マスタリー・ラーニング」**［mastery learning］
　1964年（昭和39年）にキャロル［Carroll, J.　1916〜2003］が提唱した「学習成果は，児童・生徒の能力よりも学習時間によって決まる」という研究成果を受けて，ブルーム［Bloom　1913〜1999］らによって実践された学習法である。
　学習者が必要とする時間を十分与えれば，学習者は必ず習得（マスタリー）できると考える。
　つまり，どんな児童・生徒でも，習得時間の個人差を重視し，それに応じて指導を進めていけば，すべての児童・生徒の完全習得学習は可能であると主張する。
　マスタリー・ラーニングは，能力に差異のある児童・生徒たちを対象

とし，一斉授業において，すべての生徒に学習目標の完全習得をめざしている。

その方策として，それぞれの児童・生徒が必要とする学習時間は，生徒によって異なるので，無学年制による学習方法が考えられた。

また，一斉指導の改善手段としては，補充するための個別指導の場面を設定し，児童・生徒に応じて必要な学習時間を十分に与えるという学習方法がとられた。

具体的な学習展開としては，各単元の学習指導に入る前に，一人ひとりの児童・生徒が単元の学習の前提となる内容を習得しているかどうかを事前診断テストによって調べ，その結果，未習得または不十分な児童・生徒に対しては，補充指導を行い，既習内容をまず完全に習得させる。その上で一連の単元学習のための授業を展開し，テストを行って習得状況を把握し，つまずいている生徒には治療指導を行い，進んだ生徒には深化指導を行いながら，完全習得学習をめざすのである。

(6) **仮説実験授業**［hypothesis-experiment class］

1963年（昭和38年），板倉聖宣氏（1930〜2018）は，「科学上の最も基礎的な概念と原理的な法則」を教えるために，この仮説実験授業を提唱した。

その方法は，指導すべき事実や法則を生徒の「予想・仮説・実験」によって習得させる。指導内容は，「授業書」とよばれる教科書兼指導書があり，児童・生徒は授業書にもとづいて実験の結果を予想し，仮説を立て，相互に討論し合い，実験結果と仮説との関係から法則を学びとるのである。

ある法則に関して，科学的な認識の筋道は人によって違いがあり，一つではない。科学は，いろいろな考え方を持った人々が討論し合いながら実験を重ね，真理を発見してきた。

仮説実験授業は，「そのような科学の認識過程を全面的に取り入れて，タイプの違う人々に自由に考えを出させ，考え方を豊富にしながら実験

を重ねることによって一つの真理に到達させていく手続き」である。

　この授業展開は，多く生徒のいろいろな考え方に期待しており，20～30人のクラスでの授業が好ましいとされる。

　このようなクラスでは，教師や個々のクラスの個性にはほとんど関係なくほぼ同じような意見がでることが確かめられており，出題すべき一連の問題や話題をあらかじめ準備することができる。

<授業書の例>

　「振り子と振動」「ものとその重さ」「ばねと力」「花と実」「溶解」「ものとその電気」「空気と水」「日本歴史入門」「お金と社会」「禁酒法と民主主義」「電子レンジと電磁波」「生物と細胞」など，多様な学年や教科のものが仮説実験授業研究会の活動として開発されている。

(7)　**プログラム学習**［program learning］

　児童・生徒が自分のペースやレベルで学習できるように，個別学習を可能にする「ティーチング・マシン」［teaching machine］が，1950年代にハーバード大学のスキナー［Skinner　1904～1990］教授により考案された。

　これは，自動的な自己学習機械といわれたが，重要なのは機械ではなく，その「プログラム」であった。

　つまり，機械だけでは教育機能はなく，プログラムが適切なものでなければ，学習成果は期待できない。

　電子技術の進歩による，安価で高性能な個人向けのコンピュータであるパソコンの普及により，パソコンを活用したCAI［Computer Assisted Instruction］が開発されている。

　しかし，パソコンというハードのみではただの箱で，仕事をさせることはできず，パソコンを学習指導に活用するには，各教科の教材内容に適合した良質のプログラムにあたるソフトウェアの開発が必要になっている。

　コンピュータの使用によって，生徒の能力差，教材内容の差異に関し

てきわめて柔軟な学習機能を発揮し，KR 情報（p.86 参照）などのフィードバック機能も適切に行え，自学自習や個別化した学習指導の充実に役立てることができる。

　プログラム学習は，教育の現代化の時流に乗り，昭和 30 年代半ば(1960 年)に米国で開発され，教育内容・方法の改革をめざし実践研究が広がった。

　プログラム学習は，「小ステップ」で一歩ずつ，学習者が自ら反応しながら着実に学習を積み重ねて，最終到達目標に達するが，途中で誤答などに応じ，適切なフィードバックが速やかに与えられるようにできている。

　プログラム学習では，単なる刺激でなく，反応の結果を条件づける「オペラント条件づけ」によって，学習を深化しようとしている。

　一般的に，プログラムの形式には，大きく分けて，「直線型」［linear］と「枝分れ型」［branching］の 2 つの形式がある。

　直線型のプログラムは，スキナーの発想にもとづくものであり，文字

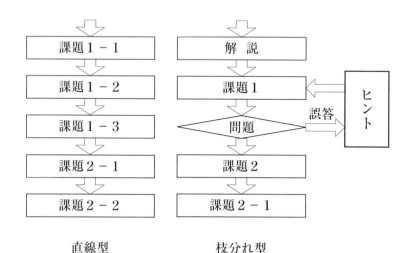

図 3-2-1　プログラムの形式

通り一歩一歩小きざみに直線的に進んでいく。

　枝分れ型は，クラウダー［Crowder］によって，直線型に代わるものとして発案された。学習過程では，必ずしも1問ごとに正誤のフィードバックが与えられるとは限らないので，反応に応じて新しい情報を与え，誤りがあればその解説などのKR［Knowledge of Results］情報を与えながら学習が進められるようにできている。

(8)　オープンスクール［open schools］
　イギリスおよびアメリカの学校で，1960～70年代に低学年の学習指導を中心に採用された開放型の学校であり，従来の学校教育活動の諸形式にこだわらず，自由な教育活動をめざした，社会に開かれた学校である。

　学校の教育活動を柔軟に展開できるように，教室間の壁のないオープンスペースを持った校舎建築となっている場合は「壁のない学校」とか，教科間の壁のない統合カリキュラムとなっている場合は「統合カリキュラムの学校」とよばれることもある。

　さらに，学習のための場所や時間割等にとらわれない自由を基調とする教育が行われている場合は，フリースクール［free school］とよばれることもある。

　オープンスクールは，初めからその目的で建てられた学校ばかりでないが，基本的には児童・生徒の主体性を認める児童中心主義の流れに立ち，学習の個別化・個性化を徹底し，組織面では学級や学年にとらわれず，教師と児童・生徒の学習活動を支援するために，情報通信機器やマルチメディア教材などのハイテクノロジーを駆使した指導支援体制を備え，学習効果をあげられるようにつとめている。

　わが国で現在よばれている「フリースクール」は，何らかの理由で学校に行けない子供たちの居場所として，個人やNPO法人の経営により，不登校，引きこもり，軽度の発達障害，身体障害，知的障害などの子供たちを受け入れている施設をさしている。

フリースクールによっては，地域の小・中学校と連携している場合は，フリースクールへの登校が学校の出席扱いとされるケースもある。高校の場合は，フリースクールが公的な教育機関でないため，出席扱いにはならない。

❸ 小集団と指導法

　学校教育におけるいわゆる一斉学習では，個が軽視され，一部の児童・生徒のみに光があてられ，「おちこぼし」が問題になってきた。
　そこで，一斉学習の機能を高める手法として，クラスを小集団にした討議方法を取り入れたりして，学習機能を高める「ブレインストーミング法」と「バズ・セッション法」について，以下に述べる。

(1)　ブレインストーミング法
　創造性の開発をめざす手法として，オズボーン［Osborn　1888～1966］が1939年に提案した。
　一般的な討議の場合は，自分の意見に対し相手がどう思うか気になり発言がおさえられる傾向となるが，ブレインストーミング［brain storming］では，参加者だれもが自由な雰囲気で自分の意見を自由に出し，反発や批判の意見はさけるようにし，意見は質よりも量を重んじ，他人の発想を大いに活用して議論が進められる。
　検討する課題は，よいか悪いかの判断をするようなものでなく，多様な解決策があるものがよく，まちがいや見当違いの意見も許容され，多様なアイデアが出され，それらを創造的なアイデアに高めるのである。
　このように，小集団によるブレインストーミングにより，生徒は問題解決の手段や方法を習得し，その後の学習活動が高められるとしている。
　方式は異なるが，類似なものにディベートがあるので，後述する。

(2)　バズ学習（バズ・セッション）［buzz-session learning］
　クラス全員で集団討議すると，一部の生徒だけが発言しがちになり，残りの多くの生徒はほとんど発言する機会が得られないことがある。

バズ・セッションは，集団を数人から7，8人の小グループにし，比較的短時間だけ気軽に意見を交換させ，その結果をまとめさせ，全体で発表し，討議し合ってまとめる学習方法である。

この学習方法は，1950年代に塩田芳久氏により提案されたものである。

バズ［buzz］とは，蜂などが集まって，ブンブンと音を出して，さわがしくしていることをさすので，生徒が集まってガヤガヤと話し合うことをイメージしている。

バズ・セッションは，討議が容易に始まらないとき，興味を換起するために少人数で話し合わせ，その成果をもとに学級全体の討議として深めさせたいときに活用できる。

この場合，教師は質問の形で問題を板書して提起し，クラスを5，6人の班に分けて，5～10分程度話し合わせてその結果をまとめさせ，教師か生徒の司会者が各班の発表者に報告させ，全体討議により各班の思考の方向を集約させ，教師の補足修正の指導のもとに新しく生じた課題や問題解決の方策などを明らかにさせる。

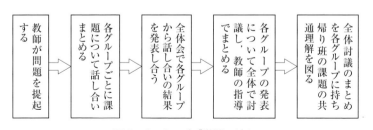

図3-2-2　バズ学習の流れ

バズ学習により，クラスの仲間相互の意見交換がスムーズに行われるようになり，互いの学び合いを促進したり，各人が主体的に学習できる場が多くなり，積極的な学習態度の育成など集団的態度の育成にも役立つのである。

❹ ディベート

児童・生徒が調べたり，討論したり，発表したりして，自分の考えをはっきりと他人に伝えることができる能力の向上が求められている。

その訓練の手段として，ディベート［debate］が学校教育の学習指導でも取り上げられている。

ディベートは，定められたルールにしたがい，対抗する2組が，主題に対して肯定側と否定側に立って議論し，両者の議論のうち説得力のある一方を第三者の審判団が勝者として判定を下すという形態をとり，討論のしかたを学ぶ一種のゲームである。

2002年度からの教科書を見ても，小学校ではディベートの言葉は使っていないが，討論のしかたとして国語や社会で取り上げている。

中学校ではディベートの言葉も使われ，国語や公民の教科書で扱われている。

討論の題材としては，小学校では，「筆記用具は，シャープペンシルではなく，鉛筆を使うべきである」「手紙を出すときパソコンでつくらず，手書きすべきである」とか，中学校では「和食と洋食ではどちらがよいか」「部活は勝利を第一にめざすべきだ」「男性と女性，どちらがトク？」などの展開事例が示されている。

(1) ディベートのルール

一般的な自由な討論形式とは異なり，決められた5つのルールにしたがって展開する。

①一つのテーマについて話し合う

討論のテーマは，「～は，……すべきだ」のように断定的に提示されるので，議論は「すべきである」立場と「すべきでない」立場に分かれて討論する。

②肯定側と否定側に，機械的に分ける

参加者を本人の思いとは別に，肯定側と否定側に機械的に分け，中間の立場はない。討論に加わるとき，自分の意見と立場が異なることによ

り，冷静な議論ができ，かつ発言内容からその人の人格攻撃なども生まれない。さらに，自分の意見を客観的に見つめ直すことができ，より深い考えに到達できる。

つまり自分の意見に反論(はんばく)（反駁(かた)ともいう）を加えることで，自分の意見の偏りや底の浅さに気づいたり，他人の受け売りの考えに気づいたりする。

③一定のルールにしたがう

お互いの議論をかみ合わせるために，いろいろなルールが決められ，それにしたがって展開する必要がある。

「発言の順序が交互であり，途中で入れ替わる」「発言時間は決められている」「発言中に口ははさめない」「前半戦と後半戦があるが，前半にすべての争点を提出する必要がある。後半になり，新たな争点を提出しても評価されない」

④証明された議論を戦わせる

証明された議論とは，「私の意見はこうだ。なぜなら，これこれの理由からだ」と，主張と根拠を述べる。そこで，相手の「主張と根拠」との間の矛盾点を検証し，おかしいところを取り上げて，その根拠を示し，反論する。この応酬の繰り返しにより，競い合う。

⑤審判によって判定が下される

審判は，両者の証明を判断し，説得力のある方を勝ちと判定する。

ディベートは，意思決定のための議論ではないので，審判の決定は，あくまで意思決定には関与しないことを理解しておく必要がある。

(2) マイクロディベートの展開

手軽にできるマイクロディベートは，各班3人とし，各人が肯定・否定・審判を分担し，立論・質疑・反論・判定をそれぞれ数分ずつ行う。立論のためのメモの準備ができたら始めるが，判定までは30分ぐらいかかる。

ディベートでの発言は，「理由つき・証拠つき」で発言させる必要が

あり，例えば，「学習能率が上がるので，教室にはクーラーを取りつけるべきである」というように，取りつける理由である「学習能率が上がる」を発言する必要がある。

　授業でのディベートでは，事前に課題に対するよい証拠探し「リサーチ」をさせる場合や証拠資料なしでお互いの頭だけで考えて勝負する方法もあり，課題に応じて両者のいずれかを選択するとよい。

　なお，ディベートでは，相手の発言をよく聞いて理解し，反論する必要があり，聞き逃すことのないように，ポイントをメモするように心がけさせる。

　ディベート実施後の評価は，参加した論題について，自分の本心について作文を書かせて，児童・生徒の変容を評価する方法が一般的である。

(3)　クラス全員の参加によるディベート

　クラスの人数を3等分するが，無作為に出席番号順などにより分ける。その場合，各班とも男女同数にする。

　肯定・否定の各班は，全員で，班長，書記，立論原案作成，立論発表者，質問者，タイムキーパーなどの役割を分担させる。

　審判団の団長は司会者，タイムキーパーはディベート時間の管理，最後に肯定・否定側に質問する者，審査講評原案作成者，審査講評の発表者などの役割分担をする。

　北海道大学の藤田正一氏の大学での90分のディベートフォーマットの事例（高等教育ジャーナル，第5号，1999参照）を紹介する。

　基調講演（審判団の発表者による論題の背景の説明）10分
　作戦会議　　　3分
　肯定側立論　　5分
　否定側立論　　5分
　作戦会議　　　3分
　否定側反対尋問（質疑応答時間含めて）　　10分
　作戦会議　　　3分

肯定側反対尋問（質疑応答時間含めて）　　10分
作戦会議　　　3分
否定側最終弁論　　　　5分
肯定側最終弁論　　　　5分
作戦会議（審判団：判定会議，次の尋問の整理）　　5分
（両グループ：立場逆転弁論の打ち合わせ）
審判団による肯定側に対する尋問（質疑応答時間含めて）　3分
審判団による否定側に対する尋問（質疑応答時間含めて）　3分
肯定・否定逆転弁論（我々だったらここを攻めた）肯定側　2分
　　　　　　　　　　　　　　　　　　　　　　否定側　2分
最終判定会議（審判団）　　　　2分
判定結果と講評（審判団）　　　2分

　なお，審判団の判定は，立論，反対尋問，答弁，最終弁論，資料とデータ，論理構成力，態度・印象評価，時間配分の評価項目ごとに肯定側と否定側を5段階評定して，全体の得点合計の高い方が勝ちとする方法がとられている。

▍第3節　教育機器の活用▍

　教育機器は，学校教育活動に必要となる機器を包括しており，学習指導に活用する機器と学校運営に活用する機器に大別できる。
　当初は，視聴覚教育機器の活用が中心であったが，パソコンの普及により情報機器が教育にも取り入れられ，教育工学的な手法が学習指導の改善・充実に活用されるようになってきた。
　その実践例については，後半の第2編で取り上げた。

❶ 視聴覚教育

(1) 視聴覚教育と視聴覚メディア

視聴覚教育［audio visual education］とは，学習活動において，視聴覚教材を積極的に活用し，教授と学習を効率化しようとする教育方法である。

20世紀の初め，映画の普及や放送の開始と発展により，欧米で視聴覚教育の理論と実践の基礎がつくられた。

当初は「視覚教育」であり，「掛け図，スライド，実物，模型」などの教材化を中心とした『カリキュラムの視覚化』の研究がアメリカで20世紀初めに始まった。

その後，映画もトーキー（有声）となり，教育にラジオが加わって，視聴覚教育という用語が定着した。

視聴覚教育の飛躍的発展は第二次大戦後である。わが国では，1948年の占領軍からの16ミリ映写機供与，1950年代以後の各種の視聴覚機器の急速な進歩や，1953年のテレビ教育放送開始などにより，視聴覚教育はめざましい発展をとげてきた。

その後，技術の進展により反応分析装置やCAI装置などの新しい教育機器の出現により，視聴覚教育の分野は広がりを持ち，現在は教育工学との関連で研究が進められている。

視聴覚メディアの一例を次に列挙する。

①投映教材（OHP，テレビ，VTR，プロジェクタなど）
②非投映教材（絵，写真，図表，地図，掲示板など）
③音声教材（録音・録画テープ，ICレコーダ，CD，DVDなど）
④実物・立体教材（各種実物教材，標本模型など）
⑤統合メディア（パソコン，CAI，反応分析装置，LANなど）

(2) これからの視聴覚教室

各種の教育機器を普通教室に設置することにより，多様な学習環境をつくり，日常的に視聴覚教育を実践する傾向が強まっている。

その一方で，高度な機器を備え，使いやすい視聴覚教室への期待も大きい。普通教室に比べ，視聴覚教室は常に最適な環境で活用できるように設備され，管理も合理化され，各種機器の操作も簡易にできるようになっている。その結果，各種のマルチメディア機器やコンピュータを効率よく活用することができ，高い学習効果の要求に応えることができる。現在，特別教室の名称は，パソコンと同時にプロジェクタや反応分析機器などの教育機器を備えているが，パソコン教室の名称がそのまま使われている場合が多い。

①多目的利用をめざす視聴覚教室

多くの教科で活用できるように，パソコンやビデオやオーディオのブースを備え，各種の教育機器を組み合わせて活用できる教室とする。

とくに，パソコンと併用する光量の大きいプロジェクタを設置し，明るい室内環境で学習できるようにする。

そこでは，一斉学習やグループ学習，個別学習など，形態を異にする学習展開に対応できる学習施設・設備の準備が重要な要素となる。

②パソコンを有効に活用できる教室

光ファイバによる高速インターネットや校内LAN設備を備え，大画面の表示により海外や国内の学校との共同学習の場として活用したり，マルチメディア教材と組み合わせ，個別学習としてはCAIとして活用したり，パソコンのリテラシー教育にも活用できるようにする。

❷ 教育工学

当初は，学習活動にラジオ，テレビ，映画など，マスメディアを視聴覚教具として導入し，文字や言葉による限界を補うものとして行われた。やがて，プログラム学習が開発され，ティーチング・マシンとして，コンピュータを利用する教育が現実化し，教育に工学的手法が活用されるようになった。

このさきがけとなったものは，ティーチング・マシンとコンピュータ

技術を結びつけた CAI [Computer Assisted Instruction] である。

教育工学[educational technology] の用語は，1945年にチャーターズ [Charters, W. W. 1875～1952] が「教育工学」[educational engineering] という用語を使い，その後 1960 年頃から，educational technology「教育工学」や instructional technology「教授工学」という用語が使われるようになった。

教育工学は，教育改善のための理論や方法などを研究開発し，その具現化をめざす技術を開発する幅広い学問であり，テレビ，ビデオ，コンピュータ，マルチメディア，インターネット，通信衛星，知的学習支援システムなどの教育メディアの利用研究にとどまらない。

すなわち，学習過程を，数多くの要素からなる複雑システムの統合体ととらえ，教育や学習の目標を効果的に達成するために，①構成要素の最適な組合せを追求し，②それに役立つ各種技法，道具，しくみを開発，活用し，③開発した技法，道具，しくみを体系化することを繰り返しながら，教育の改善に活かすものである。

だから，教育工学は，必ずしも教育機器類を活用しなくても，学習過程の効果的な設計や評価の技法の開発，効果的な教材開発，教育経営の改善のための条件整備など，幅広い領域での教育改善に関わる技法の開発やその適用などのすべてに関する研究開発を含んでいる。

教育工学は，学習過程の具体的な改善方法の開発に直接関わっているので，関連する研究分野はきわめて多岐にわたる。学習者の特性，教育開発，教授学習，学習メディア，学習環境などのそれぞれの分野で，多くの研究が進んでいる。

❸ 教育メディア

教育活動で活用される「メディア」の総称で，教科書，黒板，テレビ，ビデオ，コンピュータ，実験装置などの教具や教材および教育環境等の総称である。

中野照海氏は,「人の学習を支援する『一連の学習状況』,または『授業状況』を具現化するものを『メディア』」と定義している。
　教育メディア［educational media］は,教科書,黒板,テレビなどの単体だけではない。実験装置,インテリジェント化された学習環境,見学や体験活動も,広くは学習状況を具現化するもので,メディアの一つといえる。
　以前,メディアは視聴覚機器というとらえ方をされていたが,その後,産業界の技術の進展とともに多種多様な機器が開発され,教育界に導入された。そして今や,教育に使用される機器を視聴覚教育の手段として限定的にとらえることは困難になった。
　つまり教育機器は,学習指導の改善・充実に活用するものであり,「①学習の興味・関心を高め,理解を深めさせる　②教師と児童・生徒間のコミュニケーションを強化する　③学習を個別化する　④学習の主体性を高める」などの機能を強化できるものであり,学習指導を総合的に体質改善する手段となる。
　教育機器の特性としては,繰り返し機能や履歴機能が指導に有効に機能するが,教育機器を黒板と同じように活用するためには,事前準備と活用法の習熟が不可欠であり,一部の教師の活用に留まらせてはならない。
　そこで,校内に教育機器活用の委員会を組織し,教育機器の活用法などの校内研修の機会を充実させ,気軽に教育機器の活用ができる体制づくりが求められる。
　また,教育機器は,児童・生徒を対象とした教育活動の場面だけでなく,学校運営の各種業務の効率化に役立て,生み出した時間は,教師と児童・生徒との人間的な触れ合いに活用したり,日常の業務負担の軽減に役立てることが期待される。

第4章 学習指導の実際

　学校における教育活動は，その学校の教育目標の達成をめざして編成された教育課程にもとづき，各教科の内容を指導する学習指導［methods and techniques of teaching］と生徒指導［student guidance］や進路指導［career guidance］などがある。
　学習指導は，学校の教育活動において中心的な活動であり，その具体的な内容について，この章で述べる。

▎第1節　教科指導▎

　一般に**教科指導**［subject guidance］は，各教科の教材を媒介として，教師の活動と児童・生徒の活動の相互作用として実施されるが，具体的には教育課程の各教科の指導目標の達成をめざし作成された，年間指導計画にしたがって実施されている。
　生徒指導や進路指導は，主として人間としての道徳的素養の育成や人としての在り方・生き方を身につけさせることを目的として指導するのに対し，学習指導は科学，技術などの文化財産の価値を教材化して，知識・技能などの習得や習熟を図ることを目的としている。
　学習における知識の習得は，ある事実を記憶させるだけでなく，その知識を活用し，一定の事実から法則を導き出したり，それを一般化したりすることも含まれる。
　このように，習得した知識が活用できるまでに深化すれば，能力として定着し，理解されたことになる。

このように，学習指導の目的には，知識そのものの習得を重視する実質的側面と，知識を使いこなす能力の育成を重視する形式的側面とがある。
　前者は実質陶冶，後者は形式陶冶とよばれている。
　学習指導としては，そのいずれに重点を置くかにより，学習指導の内容だけでなくその方法も異なってくる。

❶ 教科の指導過程
　一般にクラスごとの学習指導の指導過程は，「①導入　②展開　③まとめ」の3段階に分けられ，実施されている。
　第1の「導入」の段階は，学習目標を提示して，これからの学習活動に関する既習事項を把握し，学習への意欲と関心を高める作業である。
　第2の「展開」は，指導過程を具体化して示し，教材を活用し，自己活動や他の生徒との相互活動等をとおして知識を深め，理解させる過程である。
　第3の「まとめ」の段階は，学習の成果を確認させ，本時の学習目標が達成されたか，生徒一人ひとりについて把握する過程である。
　教師は，指導の成果を謙虚に受け止め，習得できなかった生徒には補充指導を行ったり，教師の指導の欠点を明らかにして，事後の学習指導の改善に活かすことが必要である。
　毎時の個別の評価の方法としては，理解度チェックの小テストなどがある。また，記述式としては，自己評価させたノートを集めて個々の生徒の理解度の把握や個別指導の参考とする。

❷ 学習指導の形態
　学習指導の流れの各段階において児童・生徒の活動から大別すると次の3つになる。
①教師が児童・生徒に知識を伝達する方法………講義法

この指導法は，教師が中心的地位を占める講義形式である。

講義は，教師の言語的活動が中心となり，大学での多人数の授業が代表的なものである。小・中・高等学校においては，言葉だけで講義が行われることはなく，教科書をはじめいろいろな教具が用いられる。

②児童・生徒自らが知識を習得する方法………自習法

児童・生徒が自ら主体的に学習する方法である。具体的には，児童・生徒自らの経験による学習や調査・研究による学習などがある。

③教師と児童・生徒の相互の協同活動による方法………相互学習法

児童・生徒が相互に協同活動により学ぶ方法であり，お互いのコミュニケーションが学習の基本的な役割を果たす。

また，討議も思考を誘発する手段として有効であり，ブレインストーミングやバズ学習やディベートもこれにあたる。

❸ 望ましい授業

授業は，生徒・教師・教材の3要素で成り立っている。教師がよい授業をつくり出すためには，一人ひとりの児童・生徒を深く理解するとともに，生徒との接し方を身につけ，生徒から学ぶ姿勢を常に堅持する姿勢が大切である。

さらに，活用する教材については，その内容を深く理解し，生徒が興味・関心を持つ内容や転移や発展につながる教材を選定し，わかりやすい授業を展開する指導力が必要となる。

一般に授業を教師の側から見れば，児童・生徒の発達段階に応じて，文化遺産の基礎・基本を教材として取り上げ，児童・生徒一人ひとりにその教材を習得させる教授過程である。

また，児童・生徒の立場からは，教師との関わり合いの中で教材を自己活動や協同活動において主体的に習得し，自らの人格の向上に結びつける学習過程である。

つまり，授業は，この教授過程と学習過程を一体化して，バランスよ

く機能させ，児童・生徒と教師が共に学び合う場とすることが必要である。

望ましい授業の一例を次にあげる。
(1) **ナンバーワンからオンリーワンをめざす授業**
児童・生徒は，だれもが自分の能力の向上を求めており，他人との競争でなく，自分との戦いであり，一人ひとりの個性を尊重し，みんながオンリーワンをめざせる授業。
(2) **児童・生徒が主体的かつ能動的に活動する授業**
一人ひとりの児童・生徒が生き生きと主体的かつ能動的に活動しながら学習し，その学習成果をふまえて，次々と発展的学習へと広がっていく授業。
(3) **児童・生徒と教師が共に学び合う授業**
学習目標が明示され，やさしくわかりやすい導入と展開の中で，学習活動が自己活動から，生徒相互の協同活動へと深まりながら，生徒も教師も互いに学び合い高まっていく授業。
(4) **知的好奇心を高める授業**
一人ひとりの児童・生徒を，既習の知識の関連づけにおいて，疑いや当惑や矛盾に追い込みながら，その誤りに気づかせ，乗り越えさせ，新たな知識や価値観をはぐくむ授業。
(5) **課題解決型の授業**
一人ひとりの児童・生徒が，自ら学び，自ら課題を見つけ，課題解決できる「生きる力」を身につけ，生涯を通じて自己を向上させようとする意欲や態度がはぐくまれる授業。

❹ 望ましい授業の設計

授業は，教材を媒体として教師の教授活動と生徒の学習活動との協同作業によって成り立っており，児童・生徒一人ひとりに確実に知識や技能を身につけさせるには，どの教科の授業においても，児童・生徒を常

に授業活動の主体に位置づける必要がある。

　つまり授業は，事前の準備からその展開・評価に至るまで，教師の指導力が問われるが，授業を一つの舞台に例えれば，舞台の主役は常に生徒であり，教師は主役ではなく，陰で舞台の進行に責任を持つ演出家である。

　よい授業づくりのためには，教師は事前に演出家として授業研究を十分に行い，望ましい授業設計をする必要がある。

　そこで，一般的な授業研究の手順を次に示す。

(1)　学習指導計画をつくる

　　①一人ひとりの児童・生徒の理解　②指導目標の検討

　　③指導計画の立案　④教材研究　⑤指導案の作成

(2)　授業の観察や授業評価の視点と方法の決定

(3)　授業を実践する

　　①授業記録をとる。②評価資料を収集する。

(4)　授業診断の実施

　授業記録や評価資料を整理し，分析する。

(5)　授業の改善

　診断をもとに，改善案をつくる。

　研究授業は，各教師が毎年1回は実施し，お互いに自分の授業を見せ合って記録をとり，お互いの問題点について指摘し合い，授業改善に取り組む責任がある。

　望ましい授業には，事前の教師の教材研究の豊かさや生徒理解の的確さが関係してくるが，これらは授業のいわば表面だけでなく，その背後で役立つことも多い。

　とくに授業は，日々成長する児童・生徒の活動の場であり，計画どおりに進めることにこだわらず，授業中の生徒の実態に即応した設計変更ができるような指導の柔軟性も必要となる。生きた人間を相手とする授業には，この柔軟性がとくに必要なのである。

第2節　教材と教科書

　一般に教材［teaching material］は，各教科の目標を達成するための学習活動においては，児童・生徒たちに学習内容を提示したり，知識や思考を与えたりする際の「素材」である。

　各教科の主たる教材は，教科書であるが，その指導過程で利用する視聴覚的機器や実験器具なども一つの教材である。

　また最近では，教科指導に情報機器が活用されるようになり，電子黒板等を活用し，紙媒体の教科書では表現しにくい内容もわかりやすく提示でき，指導の改善充実に期待されているデジタル教科書も普及しつつある。

　教材は，授業の質を決定する中心的な要素であり，対象とする児童・生徒の興味・関心を高め，知識・理解を深められるような教材を選択し配列することが重要となる。

　なお，物的な教材は，教具［teaching tool］とよばれる。

❶ 教科書

　各教科指導にあたって，最も重要視する教材が教科書である。

　教科書［text book］（教科用図書）は，学校教育法第34条で，各学校では「文部科学大臣の検定を経た教科用図書又は文部科学省が著作の名義を有する教科用図書を使用しなければならない」と定めている。

　また，文部科学省が著作の名義を有する教科用図書は，希少学科等の教科書の場合では，在籍生徒数が少なく，民間の出版社から発行されない場合などにつくられている。

　教科書が授業で使われるようになるまでには，学習指導要領にしたがって，執筆し，編纂された白表紙本（著者や出版社がわからない）が出版社から文部科学省に提出され，「検定」を受けて合格すれば「発行」

される。

　教科書の検定は，民間で著作された図書が，教育基本法および学校教育法にもとづくとともに，学習指導要領に準拠し，かつ中立性・公正，正確性などの観点から教科用に適するかどうか判断されている。

　採択は，合格した教科書のうちから，国立・私立は校長が，公立小・中学校は区市町村の教育委員会が，公立高等学校は校長が都道府県の教育委員会の認可を受けて，それぞれ採択の教科書を決定する。

　採択された教科書は，義務教育諸学校においては，国が教科書を設置者に無償で給付し，設置者はこれを各学校の校長を通じて，児童・生徒に給付するしくみになっている。

　ただし，高等学校，中等教育学校の後期課程，特別支援諸学校においては，学校の設置者の定めるところにより，検定教科書，文部科学省著作教科書以外の教科用図書を使用することができるとしている（学校教育法付則第9条）。

　また，2019年度（平成31年度）から小・中・高等学校では教育課程の一部において，デジタル教科書を通常の紙の教科書と併用して使用でき，また視覚障害や発達障害などの児童・生徒は，全教育課程でデジタル教科書を使うことができるよう文部科学省は学校教育法を改訂した。

　デジタル教科書の整備状況は，文部科学省の2016年度（平成28年度）の実態調査の結果によると，小学校52.1%，中学校58.2%，義務教育学校59.1%，高等学校12.5%，中等教育学校41.8%，特別支援学校12.8%である。

❷ 補助教材

　補助教材［supplementary teaching material］は，学校教育法第34条2項の規定で「前項の教科用図書以外の図書その他の教材で，有益適切なものは，これを使用することができる」が，教育委員会に届け出て承認を得る必要がある（地方教育行政法第33条2項）。

その使用にあたっては，その内容が適正・公正であり，保護者の金銭的な負担にも配慮が必要となる。

❸ 各教科の「教材整備指針」について

義務教育諸学校の教材整備については，国は「標準教材品目」(1991年（平成3年))を示して地方交付税で財政措置を図ってきた。その後の学習指導要領の改訂を受けて2002年度（平成14年度）に「**教材機能別分類表**」が改訂され，続いて2008年度（平成20年度）の学習指導要領の改訂をふまえ2011年（平成23年）4月に表4-2-1の「**教材整備指針**」を示し，新たな教材整備を図った。

その趣旨は，地方分権をふまえ，各学校および各地方公共団体の自主性・自律性の尊重等の観点から，新たに参考資料として「教材整備指針」を目安として各教材の必要数量を定めるなどして，計画的な整備を図ることを求めている。

過去の「教材機能別分類表」と同様に，教材の機能は，(1) 発表・表示用教材　(2) 道具・実習用具教材　(3) 実験観察・体験用教材　(4) 情報記録用教材　の4つに分類されている。

今回の改訂では，設置台数について，各機器ごとに目安番号の①は学校あたり1台程度，②は1学年あたり1台程度から，⑧までの数字で各状況における設置台数が示されている。また，新規の品目には○印が示されているが，ここでは○印は省略した。

情報通信技術の進展にともない，パソコン，電子黒板，プロジェクタ等の有効活用を検討することが望まれるとして，事例が示されている。

例えば社会科の授業等において，デジタル教科書・教材のソフト等を導入し，世界地図等を電子黒板等の画面上に映すことにより，従来の掛け図に代わる教材として活用すること等が考えられる。

障害のある生徒に対する指導で使用する教材については，本指針に例示するもののほか，障害の状態等に応じ，特別支援学校の指針も参考に

することが望まれるとしている。

なお，理科教育振興法（理科）・産業教育振興法（技術・家庭）による国庫補助対象の設備等は別途決められている。

表4-2-1　中学校教材整備指針

(2012.2 文部科学省資料から作成)

教科等	機能別分類	例 示 品 名
学校全体で共用可能な教材	発表・表示用教材	実物投影機③，レーザーポインタ（PSCマーク付き）②，テレビ（地上デジタル放送対応）③，DVD・ブルーレイプレーヤ②，デジタルオーディオプレーヤ②，プロジェクタ③，映写幕②，無地黒板②，行事黒板②，電子黒板（インタラクティブホワイトボード等を含む）③，ワイヤレススピーカ②，マイクロスコープ⑧，放送設備一式①
	道具・実習用具教材	裁断機①，紙折機①，製本機①，ラミネート作成機①，巻き尺③，ストップウォッチ③，ソフト収納戸棚②，AV機器保管戸棚②
	実験観察・体験用教材	携帯用拡声器②，トランシーバ②，交通安全用具一式（道路標識など）①
	情報記録用教材	ICレコーダ②，DVD・ブルーレイレコーダ①，デジタルカメラ②，デジタルビデオカメラ（動画編集ソフト付き）②，印刷機（カラーコピー機など）①，カラープリンタ①，イメージスキャナ①
国語	発表・表示用教材	黒板（作文指導用，短冊，硬筆指導用，文法活用指導用）③，発表板⑤，教授用掛け図（話すこと・聞くこと・書くこと・読むこと・伝統的な言語文化など）⑧，文学史年表①，教授用書写セット②，書道指導用教材（書写水書板，水書用筆など）②
	道具・実習用具教材	書道練習用教材（書写水書版，水書用筆など）⑤，百人一首，かるた　など⑤
社会	発表・表示用教材	地図（地形図，地勢図，日本，世界など）⑧，地図黒板（日本，世界など）⑧，地域航空写真①，教授用掛け図（地理，産業，歴史，歴史年表，考古，政治，経済，環境，宗教（世界の宗教の分布図など），文化遺産（国宝，重要文化財，世界文化遺産）など⑧，地球儀（大，小，白地図など）②，模型（埴輪，土偶，土器，文化遺産，日本の貨幣の模型など）⑧
以下省略		

教材整備の留意点　①は1校あたり1台，②は1学年あたり1台，③は1学級あたり1台，④は8人あたりに1台，⑤は4人あたりに1台，⑥は2人あたりに1台，⑦は1人あたりに1台，⑧は指導内容によって設置数が異なるもの。

第3節　教科指導の展開

　学校の教育活動は教育課程にもとづいて実施されるが，その教育課程は，小学校・中学校では，各教科，特別の教科道徳，総合的な学習の時間，特別活動の4つ，高等学校では各教科，総合的な探究の時間，特別活動の3つで構成され，それぞれが学校教育目標の達成をめざし，相互に有機的に機能することが求められる。

　なかでも，教科指導［subject guidance］は，各学校段階の最重要領域であり，学習指導要領によって設定されている各教科・科目の目標の達成をめざし作成された，年間指導計画にしたがって行われている。

　教師の多様な業務の中で，最も重要なのは，自分が専門とする教科の指導である。教師は，自分の教科の専門家としての知識や技能を身につけた上で，子供たちを理解しその期待を裏切らないことが大切である。

　つまり児童・生徒の望む魅力ある教師は，専門とする教科指導の力量がある上に，自分たちのことをよく理解して自在に指導してくれると同時に，悩みや苦しみを自分のこととして受けとめ，認め励ましてくれる，人間味豊かな教師である。

　各教科の指導にあたっては，基礎的・基本的な内容の確実な定着を図り，個性を活かす学習指導を行う。とくにそれぞれの教科の学習指導は，その他の教育活動にも配慮しながら，一人ひとりの児童・生徒が意欲的に学習に取り組み，自らの学業生活の改善と向上を主体的に図るように援助・指導することが大切である。

　そのためには，よい授業をする必要がある。よい授業とは，児童・生徒にとって「よくわかる授業」であり，そのためには児童・生徒一人ひとりに配慮し，興味・関心・意欲を高め，理解を深めさせる方法を創意工夫し，児童・生徒が学ぶ喜びやわかる喜びを実感できる授業を実践する必要がある。

具体的には，児童・生徒の主体的な学習の場面を多くしたり，多様な教材を活用して興味・関心を高める工夫をしたり，課題研究的な学習の場を多くしたり，複数の教員が協力して指導にあたるティーム・ティーチングなど多様な学習形態を取り入れることが求められる。

また，評価法を工夫し，新しい学力観をふまえ，観点別評価や生徒の自己評価を活用したりして総合的な評価につとめる。

その場合，結果だけでなく，指導の過程での評価や自己評価を取り入れ，知識・技術だけでなく，関心・意欲・態度などの情意面の評価にも工夫することが大切である。

❶ 各教科の年間指導計画

(1) 年間指導計画作成の要点

各教科の**年間指導計画**［instructional planning during year］は，各学校において担当教諭が教科主任を中心にして，学習指導要領［course of study］にしたがい，一年間の見通しを持って立案された計画で，それぞれの教科の目標を達成するための計画である。

この年間指導計画にもとづいて，月別，週別指導計画や毎時の指導計画としての**学習指導案**［lesson plan］などがつくられる。

よい授業を成立させるためには，学習目標や指導のねらいを明確にし，その教科としての特質に配慮し，生徒の実態に応じて学習形態を工夫した学習指導案の作成が不可欠である。

(2) **教材研究の要点**

教師としての力量が問われるのは，何といっても授業の場面である。

児童・生徒が学ぶ意欲を高め，確かな学力を身につけていくためには，教師自身が十分に**教材研究**［teaching material research］を行い，自信を持って授業を展開することが必要である。

児童・生徒は，常に教師を厳しく見つめており，教材研究が不十分で，工夫のない授業には，ついてきてはくれない。

教材研究には，過去の研究授業報告等を調べたり，経験の豊かな教員から学んだりすることも含まれる。

　児童・生徒の実態に合わせて，常に工夫・改善を加えながら，満足することなく研究を重ねる心構えが必要である。

　よい授業を行うためには，事前に教材研究を深め，その成果を指導計画の立案に活かすことが欠かせない。

　そこで授業に先立つ教材研究では，指導計画や指導目標にてらして，教科書や副教材・教具や関係資料など，必要な教材について研究し，活用する必要がある。また，教材の内容をよく理解し，教える内容や構造を明らかにしておく。

　しかし，それだけでは不十分であり，授業の主体である子供たちの学習状況などの実態を把握する研究が欠かせない。

　とくに，児童・生徒たちの実態をふまえ，指導法を工夫したり，教材に対する「発問」「つまずき」など，子供の思考・考え方を具体的に予想し仮説を立てるなど，その対応のしかたを講義ノートにまとめたりして準備し，子供の立場に立って教材研究にあたる必要がある。

❷ 学習指導案の作成

　学習指導案は，実施する授業の指導過程を具体的に提示した指導計画である。この指導案は，校種や教科や子供の発達段階や作成するねらいにより多様であるが，ここでは教育実習に活用できるような，一般的な指導案について述べる。

　作成にあたっては，次の3点に留意する。

(1) 本時の授業は，題材や単元全体のどこにあたるかを明確に位置づける。

(2) 教材の構成と子供たちとの対応を組み合わせ，授業の流れを決める。

(3) 授業に対する見通しと仮説を立て，その対応策を準備する。学習指導案の形式の例を表4-3-1に示した。

ここで注意することは，一時間の指導目標の展開にあたり，指導の過程における児童・生徒の学習活動の流れに配慮することである。

表4-3-1　学習指導案の形式の一例

中学校社会科学習指導案

　　　　　　　　　　　　　　　　　　　指導教諭氏名　　　　　印
　　　　　　　　　　　　　　　　　　　教育実習生氏名　　　　印

1. 日　　　時　　　　　年　月　日（○）○校時
2. 場　　　所　　○○教室
3. 指導学級　　○年　○組
4. 学級所見　　　○・・・・・・・・・・・・・・・・・・・・・○
　　　　　　　　　○・・・・・・・・・・・・・・・・・・・・・○
　　　　　　　　　○・・・・・・・・・・・・・・・・・・・・・○
5. 教科書　　　　　　○○出版　○○
6. 単元名　　　　　○・・・○
7. 単元の目標　　○・・・・・・・・・・・・・・・・・・・・・○
8. 単元指導計画　　1）△△△△　○時間
　　　　　　　　　　2）××××　×時間
　　　　　　　　　　3）□□□□　□時間
9. 本時の位置　　□時間の×時間目
10. 本時の指導目標　　1）
　　　　　　　　　　　2）
11. 本時の評価規準
12. 本時の指導計画

指導過程	時間	指導項目	指導内容（学習活動）	指導上の留意点	評価の観点
導入	5分				
展	×分				
	△分				
開	□分				
まとめ	○分				

13. 事後指導　○・・・・・・・・・・・・・・・・・・・・・・・○

具体的には,「導入・展開・まとめ」といわれる各段階の学習内容に応じて,学習活動と学習形態が,児童・生徒主体の場として,できるだけ活かせるように工夫することが大切である。
　例えば,グループ活動をどこで行い,どの段階で実験をさせ,資料を提示するかなど,学習指導の流れを明確にしておく必要がある。
　さらに,考えを誘発する発問と助言のしかた,教材・教具の活用（電子黒板,パソコン,プロジェクタ,VTR）などについても十分配慮する。また,黒板の使い方も大切である。板書する事項や児童・生徒に黒板で解答させたりする活動も,授業の始まる前にあらかじめ検討しておくとよい。
　そして,最後に,授業目標が達成できたか,児童・生徒一人ひとりについてその確認をする必要がある。
　「まとめ」で評価をしたり,小テストで理解度をチェックすることなども一つの方法である。
　教師は,毎時の授業を日々評価し,反省し,改善につとめることが必要である。

❸ 教科指導の改善の視点

(1) 基礎学力の診断とその定着指導

　児童・生徒の入学時の実態把握の一つとして,基礎学力を調査することも多い。その目的は,個々の児童・生徒の基礎学力の定着度を正しく把握し,必要があれば補足的な指導を充実させたり,習熟度別指導を取り入れるなどの対応を考える資料とすることである。
　また毎年,同じ問題を出題して,基礎学力の経年の変化がわかる資料を作成し,学校教育目標や教育課程の編成に活かすとよい。
　児童・生徒の基礎学力の定着度は,定期的に試験を実施して,そのデータを活用して,教師は自らの教科指導の改善の視点を明らかにする必要がある。

また，個別指導にあたっては，学級担任の協力を得て，共通理解の上で，家庭との連携も図りながら，きめ細かい指導につとめる。

　学年や学級単位での指導については，学年主任や教科主任を中心として，学年の担任団と教科担任とが合同会議などを定期的に開いて，問題行動を起こす生徒や学業不振の生徒について，その原因などを議論し，指導の改善策を検討するとよい。

(2) 学習意欲を高める指導

　児童・生徒の学習意欲を高めるには，学習者のレディネス，興味，経験などに配慮し，それらにふさわしい教材や学習活動を用意するとか，適度の成功感・成就感を経験させるなど，さまざまな動機づけの手続きが必要である。

　学習意欲を高める方法として，辰野千寿氏は学習心理学の立場から動機づけを「内からの動機づけ」と「外からの動機づけ」に分けて，それぞれについて，次の5項目を提示している。

1) 内からの動機づけ（内発的）[motivation from within]
＊前に経験し，成功したことのあるものに興味を持ちやすい。
＊いちばん成功の見込みのあるものに興味を持ちやすい。
＊愉快な感じを与えるものに，より多くの興味を持ちやすい。
＊本人の能力の水準に合った活動に興味を持ちやすい。
＊本人の好奇心を引くものに興味を持ちやすい。（知的好奇心など）

2) 外からの動機づけ（外発的）[motivation from outside]
＊目的・目標を知らせる方法。（行動目的・到達目標など）
＊成功感に訴える方法。（勉強ができた・こんなに上達した）
＊学習の結果を知らせる方法。（KRまたはフィードバック）
　（KR：Knowledge of Result　結果の知識）
＊賞罰を与える方法。（親や教師にほめられたい，認められたい）
＊競争させる方法。（友達に負けたくない，勝ちたい）

　このほか，「学習意欲の高め方」について，杉村健氏の次の提案は，指

導する教師の側に視点を向けている点で参考になる。

3）学習意欲の高め方
＊生徒の実態を的確に把握する。（学習習慣、学業成績など）
＊基礎学力をつける。（下の学年の学習内容、レディネスをもとに）
＊具体的な目標を立てさせる。（上位目標、下位目標、難易度）
＊計画は必ず実行させる。（実現可能な計画を設定させる）
＊適切な課題を与える。（「できた」という成就感を味わわせる）
＊授業に工夫を凝らす。（わかる授業の展開、指導方法の工夫）
＊教師の力量を高める。（教師の熱意と識見、研修の重要性）

4）指導上の留意点
　第一は、生徒の個性、能力、適性、進路に応じた指導を心がける。
　第二は、「やる気」を育てるよう心がける。
　生徒の特性に配慮しながら「やる気」を起こさせることが何よりも大切である。生徒の心に、やる気を育てるには、わかる授業、わかる喜び、内発的動機づけ、学習習慣などが重要な要素となる。

❹ 生徒理解にもとづく教科指導

　教師として、教材研究がいくら優れていても、児童・生徒理解の手法や上手な話し方が身についていなければ、その成果を授業に活かせない。
　そこで教師は、カウンセリングマインドなどの手法や話し方や子供たちとの接し方を学び、身につけておく必要がある。
　教師は仕事上、人前で話すことが多く、児童・生徒にわかりやすく説得力のある話し方が求められる。話す場合、場面に応じた声の大きさや抑揚も大切だが、内容や目的に応じた話し方をするように心がける。
　上手な話し方を身につけるには、日頃から自分の話し方に気を配り、他の教師の話し方に学ぶ姿勢が大切である。
　また、教師のちょっとした言動が、児童・生徒の心を大きく傷つけることもある。そうしたことを防ぐには、日常生活において、話し方に注

意するとともに，児童・生徒との信頼関係を構築し，心の触れ合いを基盤にした人間関係づくりにつとめる必要がある。

❺ 学習成果の3観点別評価

　学習目標に準拠した評価は，教科・校種を越えた共通理解にもとづく組織的な取り組みを促すために，各教科の評価の観点は，「知識・技能」「思考・判断・表現」「学びに向かう力，人間性等」の3観点とし，資質・能力のバランスのとれた学習評価につとめ，指導と評価の一体化を図る必要がある。

　また，論述やレポートの作成，発表，グループでの話し合い，作品の制作等といった多様な活動に取り組ませるパフォーマンス評価を取り入れたり，ペーパーテストの結果だけでない多面的・多角的な評価を行う工夫も必要である。さらには，一人ひとりの学びの多様性に応じて，学習の過程における形成的な評価も取り入れ，生徒の資質・能力がどのように伸びたかを，日々の記録やポートフォリオなどを通じて，生徒自身も把握できるようにするとよい。

第5章 生徒指導と総合的な学習（探究）の時間

　ここでは，学習指導と同様に重要である，生徒指導（生活指導）と総合的な学習（探究）の時間について，指導の要点を述べる。

▌第1節　生徒指導▐

　生徒指導［student guidance］は，教師と児童・生徒の信頼関係および児童・生徒相互の好ましい人間関係を育てるとともに，生徒理解を深め，生徒が主体的に判断し，行動し，積極的に自己を活かしていけるように指導・援助することであり，「生活指導」という言葉も使われている。

　生徒指導を行う前提としては，教師は対象とする児童・生徒の理解を深めておくことが何よりも重要になる。

　そこで生徒指導は，学校教育活動のすべての場面において，積極的に一人ひとりの児童・生徒の人格の発達をめざし，学校生活がすべての児童・生徒にとっても，また学級・学年，さらに学校全体といった集団にとっても，有意義で充実できるよう指導するのである。

　一般に，学習指導要領では「児童指導」の文言は使われず，生徒指導の文言は小学校，中学校，高等学校をとおして共通に使われている。

❶ 生徒理解にもとづく生徒指導

　生徒指導の基本は，その生徒なりに現実の生活を充実させ，人格や能力を望ましい方向に最大限に伸ばすことであり，そのためには，児童・生徒一人ひとりを深く理解することが必要となる。

生徒理解ができれば，どこを伸ばし，どこを改善すべきかという目標が明確化し，どのような方法で指導することが効果的であるかという指導の視点も明らかになる。
　生徒理解の観点としては，まず先入観を捨て，児童・生徒をかけがえのない存在として見つめることが大切である。
　次に，生徒の行動を観察し，かつ分析し，その行動の裏側に内在するものを理解することが大切であり，先入観をもっては正しい生徒理解はできない。
　その生徒の性格や家庭での学習状況や友人関係等を正しく把握し，児童・生徒の立場に立ち，その問題の原因を把握する必要がある。
　そのために，カウンセリングマインドなどの手法を身につけ，相手の話をよく聞き，共感的指導につとめる必要がある。
　教師の中には，生徒指導は，生徒指導部の教師や学級担任に任せ，自分の教科の授業でも，教科の内容を教えるだけで，生活指導上の注意などは避ける人もいる。これらの教師は，教師本来の職務について理解が欠けており，生徒理解が不十分となり，よい教科指導も期待できない。
　私たち教師は，あらゆる教育活動の場面で児童・生徒に関わり，全力で指導することが求められている。
　一般に，自分の学級の児童・生徒については，他の教師のだれよりも，生徒理解をしているのであり，学級担任の果たす役割は大きくかつ責任もある。
　そこで，何か学級に課題が生じたりすると，自分だけで対応しようとして，かえって対応が遅れ，問題をこじらせたりすることもある。
　だから，学級の課題も，同じ学年団の教師で相互に協力して対応したり，気軽に相談でき，日頃から支援や協力関係ができる，教師相互の人間関係をつくっておくことが大切である。
　児童・生徒との関係づくりにあっては，学級活動のホームルームの時間だけでなく，教科指導，休憩時間，清掃の時間，部活動などあらゆる

機会を活用するとよい。

　現在の学校教育では，小学校の低学年から中学校，高等学校までのすべての段階において，生徒指導の充実を強く要請されている。

　学校での生徒指導は，とかく日常の児童・生徒の問題行動の処置に追われ，非行等の対策といった，いわば消極的な対症療法的な指導に留まる傾向がある。

　そこで，今後の生徒指導は，問題行動等を防止する観点を重視して，本来の生徒指導を強化することが求められる。

❷ 生徒との人間関係づくり

　学校における教育機能を充実させるには，信頼感にもとづく人間関係が欠かせない。学校での人間関係は，教師と生徒，保護者，地域住民などの関係が存在し，またそれらは複雑に影響し合っているが，学校における生徒指導を推進する上で大切なのは，生徒と教師の日頃からの人間関係づくりである。

　生徒と教師の人間関係づくりの基本は，目の前にいる生徒を最も大切にするという教師の姿勢である。このことは，授業はもちろんすべての教育活動にあてはまる。

　例えば教師は，教師の意向に沿った発言や勉強のできる生徒を重視する傾向がある。望ましい教師は，指名されても答えられずに黙っている生徒のつらい気持ちを理解し，誤った答えでも大切にして，ヒントを出し一緒に考えるなど，個々の子供を大事にする姿勢を身につけている。

　このように児童・生徒と教師の人間関係づくりには，子供一人ひとりをかけがえのない人格者としてとらえ，目の前にいる生徒を最優先するという姿勢に徹することが大切である。

　また教師は，児童・生徒の学業成績がよいと，その子の性格までよいと判断してしまいがちとなり，逆に問題行動を起こした生徒については，一度悪い印象を持つと，関係ないことまでも不当に悪く評価しがちにな

る。

　そこで教師は，一人ひとりの児童・生徒の長所を的確に把握し，肯定的な見方をするようにつとめることが大切であり，そのような教師の姿勢や態度は自然に児童・生徒に伝わり，教師を信頼してくれるようになる。教師の姿勢が，人間関係づくりの重要な要素となるのである。

　さらに，児童・生徒の持つ無限の可能性に期待し，あの子にはどんな長所が秘められているのだろうかなど，児童・生徒一人ひとりに強い関心を持つことも大切である。

　教師が，個々の児童・生徒に関心を寄せることなしに，学級の生徒の一人ひとりを活かすことはできない。

　生徒たちは，教師の態度を敏感に感じ，その心も鋭く見抜くものであることを，教師自身がよく自覚して指導する必要がある。

　教師と生徒の信頼に満ちた人間関係は，教師と生徒が親子のように互いに心を許し合い，安心して語り合える関係でもある。このような関係をつくるには，教師が自分自身の心を開き，自己を率直に語ることが不可欠である。

　とくに生徒の中には，子供自身の責任でなく家庭崩壊に遭遇したりして，大人への信頼感が持てず，自分の生きるよりどころが得られずに悩んでいる子供もいる。このような場合，教師自身が自分の成長歴や同年代における体験や苦難の事例などを率直に語ることにより，生徒にとって自分の生き方や在り方を見つめるきっかけになる。

　教師が自己の心を開き率直に語ることにより，児童・生徒も自分自身を語るようになり，互いの絆(きずな)は深まるのである。

　また，児童・生徒との人間関係は，日頃からの教師の生徒に対する関わり方で決まる。

　例えば，教師は，登校や下校時だけでなく廊下や階段などですれ違った生徒に，必ず声をかけたり，生徒が報告にきたときなども，ただその場で対応するのでなく，面倒がらず，必要な場所まで足を運んで，生徒

を励ますなどの対応ができる姿勢が大切である。

❸ 児童・生徒の叱り方

　一般に教師として，児童・生徒を指導する場合，「誉める」ことはたやすいが，「叱る」ことは大変難しい。

　児童・生徒を叱るとき，「感情的になって怒る」のでなく，児童・生徒が教師に叱られても，「愛情」と受け止められるような叱り方を身につけることが大切である。

　子供を叱る際，全体の前で叱ったことが，子供のプライドを傷つけ，教師と子供の信頼関係に深い傷を残すことがある。

　教師が適時・適切な場面での叱り方を身につけるには，多様な児童・生徒と接し，いろいろな場面での教育指導の体験が必要であり，日常的に率先して生徒指導に関わる仕事に取り組む姿勢が求められる。

　とくに新任教師は，できるだけ生徒指導に関わる分掌に積極的に携わり，ベテラン教師の叱り方から学ぶことも必要である。

　叱る場合，どのようなとき（when），どのような場で（where），なぜ叱るのか（why）を考えてから指導することが大切で，感情的に叱ることは許されない。

　例えば「君のために先生は，恥をかかされた」という叱り方は教師本位の姿勢であり，「他の生徒に迷惑をおよぼす」という叱り方は目の前の生徒でなく，他の生徒を優先する姿勢である。

　望ましい叱り方は「君の将来のために許せない」という，目の前にいる生徒を最も大切にする姿勢を持つ叱り方であり，生徒はこのような教師の姿勢に共感するのである。

　いうまでもないが，体罰は厳禁である。教師は児童・生徒から裏切られることも多々あるが，感情的になり，怒鳴ったり，脅したり，体罰におよぶ行為は，自らの指導力のなさの証であり，教育指導の否定にもつながる行為であるとの認識をしっかり持つ必要がある。

第2節　総合的な学習（探究）の時間の指導

「総合的な学習の時間」は，小・中学校では2002年，高等学校では2003年から学習指導要領に新しく設けられ実施されてきた。2016年度改訂の小・中学校学習指導要領では名称に変更はないが，2017年度改訂の高等学校学習指導要領では，**探究的な学習**を一層重視する観点から「探究の時間」に名称変更した。

そこで，目標を次のように改善し，探究的な見方・考え方を働かせ，横断的・総合的な学習を行うことをとおして，よりよく課題を解決し，自己の生き方を考えていくための資質・能力を育成する。

(1) 探究的な学習の過程において，課題の解決に必要な知識および技能を身につけ，課題に関わる概念を形成し，探究的な学習のよさを理解する。

(2) 実社会や実生活の中から問いを見出し，自分で課題を立て，情報を集め，整理・分析して，まとめ・表現することができるようにする。

(3) 探究的な学習に主体的・協働的に取り組むとともに，互いのよさを活かしながら，積極的に社会に参画しようとする態度を養う。

つまり，「探究的な見方・考え方」を働かせ，総合的・横断的な学習を行うことをとおして，よりよく課題を解決し，自己の生き方を考えていくための資質・能力を育成することをめざすものであることを明確にした。

さらに，教科等横断的な**カリキュラム・マネジメント**の軸となるよう，各学校が総合的な学習（探究）の時間の目標を設定するにあたっては，各学校の教育目標をふまえて主体的に設定することを求めている。そのねらいは，児童・生徒の実態，地域の実情等をふまえて，各学校が創意工夫を十分に活かし，横断的・総合的な学習や児童・生徒の興味・関心等にもとづく学習など，特色ある教育活動を展開することを求めている。

そこで,「総合的な学習(探究)の時間」における学習活動の展開には，各学校の主体的対応が必要となる。

　すなわち，教職員一人ひとりが従来からの教科や特別活動の指導とは異なった対応が必要であり，教育方法の転換や教職員の意識変革が求められている。

　また，各学校では，例えば国際理解，情報，環境・福祉・健康などの横断的・総合的な課題，児童・生徒の興味・関心にもとづく課題，地域や学校の特色に応じた課題，職業や自己の将来に関することなどについて，学校の実態に応じた学習活動を行う。

　なお，各学校における「総合的な学習(探究)の時間」の各称については，各学校において適切に定めるとしている。

❶ 配慮事項

(1)　各学校において定める目標および内容にもとづき，生徒の学習状況に応じて教師が適時・適切な指導を行う。

(2)　探究的な学習の過程においては，他者と協働して課題を解決しようとする学習活動や，言語により分析し，まとめたり表現したりするなどの学習活動を行う。その際，例えば，比較する，分類する，関連づけるなどの考えるための技法が活用できるようにする。

(3)　探究的な学習の過程においては，コンピュータや情報通信ネットワークなどを適切かつ効果的に活用して，情報を収集・整理・発信するなどの学習活動が行われるよう工夫すること。その際，情報や情報手段を主体的に選択し活用できるよう配慮する。

(4)　自然体験や職場体験活動，ボランティア活動などの社会体験，ものづくり，生産活動などの体験活動，観察・実験，見学や調査，発表や討論などの学習活動を積極的に取り入れる。

(5)　体験活動については，各学校において定める目標および内容をふまえ，探究的な学習の過程を適切に位置づける。

⑹ グループ学習や異年齢集団による学習などの多様な学習形態，地域の人々の協力も得つつ，全教師が一体となって指導にあたるなどの指導体制について工夫を行う。
⑺ 学校図書館の活用，他の学校との連携，公民館，図書館，博物館等の社会教育施設や社会教育関係団体等の各種団体との連携，地域の教材や学習環境の積極的な活用などの工夫を行う。
⑻ 職業や自己の将来に関する学習を行う際には，探究的な学習に取り組むことをとおして，自己を理解し，将来の生き方を考えるなどの学習活動が行われるようにする。

❷ 授業時数

　小学校は，第3学年から学習が始まり，各学年とも，年間70時間である（1校時は45分）。中学校は，第1学年は年間50時間，第2・3学年は年間70時間（1校時50分）である。
　高等学校は，卒業までに105〜210時間（3〜6単位）を標準とし，各学校において，学校や生徒の実態に応じて，適切に配当するものと規定されている。

❸ 取り扱い

　学習内容について，次の学習活動があげられる。
1）国際理解，情報，環境，福祉・健康などの現代的な諸課題に対する横断的・総合的な課題についての学習活動
2）生徒が興味・関心，進路等に応じて設定した課題について，知識や技能の深化，総合化を図る学習活動
　小・中学校にはない高等学校独自の内容としては，「自己の在り方」や「就業体験」「個人研究」などが取り上げられている。
　なお，総合学科においては，「生徒が興味・関心，進路等に応じて設定した課題について，知識・技能の深化，総合化を図る活動を含める」

ことが規定されている。

また専門教育を主とする学科においては,「総合的な探究の時間」における学習活動と同様の成果が期待できる場合においては,「課題研究」と履修の一部または全部について,相互に代替できることになっている。普通科においては,「理数探究」と代替できる。

❹ 評価・評定の方法

総合的な学習の時間の評価については,学習の過程,報告書や作品,発表や討論などに見られる学習の状況や成果,学習への意欲や態度,学習の進歩の状況などをふまえて行う。また,同時に子供同士の相互評価や自己評価なども参考にする。

具体的には,この時間において行った「学習活動」を記述した上で,指導の目標や内容にもとづいて定めた「観点」を記載し,それらの「観点」のうち,児童・生徒の学習状況に顕著な事項がある場合などにその特徴を記載するなど,児童・生徒にどのような力が身についたかを文章で記述する。

「観点」については,各学校において,指導の目標や内容にもとづいて定めるが,例えば学習指導要領に定められた「総合的な学習(探究)の時間」のねらいをふまえ,「課題設定の能力」「問題解決の能力」「学び方,ものの考え方」「学習への主体的・創造的な態度」「自己の生き方」というような観点を定めたりする。

また,教科との関連を明確にして,「知識・技能」「思考・判断・表現」「学びに向かう力,人間性等」などの観点を定めたり,あるいは,各学校の定める目標,内容にもとづき,「コミュニケーション能力」「情報活用能力」などの観点を定めたりすることなども考えられる。

評価は,小学校・中学校では観点別表記となり評定値は示されない。具体的には,この時間に行った「学習活動」を記載し,それらの「観点」のうち,児童・生徒の学習状況に顕著な事項とその特徴を記載するなど,

児童・生徒にどのような力が身についたかを文章で記述する。
　高等学校も同様だが，学習時間に応じて単位認定をする。

第2編 情報機器および教材の活用

　第2編では，教育方法を新しい視点で見つめ，最新の情報機器やマルチメディア機器，およびそれらを活用した教材の活用や教材作成の方法と技術について具体的に取り上げ，各学校の教育活動の改善・充実に活かせるようにまとめた。
　とくに情報通信技術の進展により，衛星通信を活用したeラーニングも広がりを見せており，これからの生涯学習社会での学びの姿を考える上での参考となるよう，それらの現状についても紹介した。

CAI学習室の一例

第1章 高度情報通信社会と情報教育

　情報化は,社会のさまざまな分野で進展し,これまでいろいろなメディアによって伝えられていた情報が,電子化され,情報通信ネットワークを通じて簡単に受信したり発信したりできるようになってきた。
　これからもこうした傾向は加速度的に進み,21世紀の社会は,**高度情報通信社会**［advanced information and telecommunications society］が急速に進展するであろう。
　高度情報通信社会とは,情報がものやエネルギー以上に有力な資源となり,情報の生産と活用が中心となって経済・社会が発展していく世の中である。
　1980年代後半から始まった産業社会のグローバル化［globalization］や高度情報通信技術の急激な進歩は,1990年代に入ってアメリカを中心として一層加速し,社会経済システムに変革をもたらすIT［Information Technology］革命が起こった。そこでは,さまざまなもののネットワーク［network］化が驚異的な進展を見せ,インターネット［Internet］も爆発的に普及した。各企業は,これによりグローバルでスピーディーな事業活動が展開できるようになり,世界中の人々はインターネットを活用して容易に情報を共有し,発信し合うようになってきた。
　21世紀に入り,世界の経済は,ITバブルの崩壊やアメリカ経済の減速,同時多発テロ等の影響を受け,一時先行き不透明になり,わが国の経済も閉塞感を深めていた。その後,2010年代になりアメリカ経済やわが国の経済も拡大基調に入り,インターネットを活用した経済社会のIT

化の流れは着実に進展してきている。

わが国でインターネットが一般電話回線で商用開始されたのは1993年である。当初は常時接続ではなく，電話代と同様に接続時間で料金が決まり，高い通信料金がかかったため，学校ではネットワーク環境を十分に活用できる状態ではなかった。その後ブロードバンドのインフラ整備により定額料金で常時接続が可能となり，インターネットの活用は格段に拡大した。さらに，光通信が可能となり，有線で最大速度1～10Gbpsの光ファイバー回線や無線系でも最大速度500Mbpsのアクセス回線が利用可能となり，高画質な動画等を個人レベルでも送受信できるようになった。

2008年頃からは，パソコン［personal computer］並みの処理能力とメモリを備えたスマートフォン（スマホ）が登場したことにより，電子メールや検索サイトでの検索，ブログなどの利用が増加し，またSNS［Social Networking Service］や動画投稿サイト等を通じた個人の情報発信能力が向上したため，個人レベルのデータ流通量も飛躍的に増大している。

また，端末などのセンサ技術の小型軽量化と低廉化により，すべての「モノ」がインターネットにつながるIoT［Internet of Things］の爆発的な普及も始まっている。

このような環境の変化にともない，ネット上のデータ流通量は飛躍的に増大し，これらの大量のデータ（ビッグデータ）の処理に人工知能AI［Artificial Intelligence］が使われている。AIを活用したロボットやドローンなどの研究開発も進められており，それによって近い将来我々の生活が一変する可能性がある。さらに，ソーシャルメディアやモバイル端末の普及を背景に，新しい大量のデータが増え続けており，このビッグデータに埋もれている価値の高いデータ群をコンピュータで処理し，新たな知見や洞察を獲得し，ビジネスチャンスの獲得につなげることが成長戦略の軸になると多くの企業が認識し，対応し始めている。

このように，情報通信技術（ICT：Information and Communication Technology）が普及し，情報化やグローバル化等が進み，将来の変化を予測することが困難な時代を前に，児童・生徒たちには，社会の変化に対して受け身で対処するのではなく，主体的に向き合って関わり，一人ひとりが自らの可能性を最大限に発揮し，よりよい社会と幸福な人生を自ら切り開いていく力を身につけさせる必要がある。

第1節　情報通信社会と学校教育

　わが国では，ミレニアム・プロジェクト「**教育の情報化**」にもとづき，2001年度までにすべての公立中・高等学校等がインターネットに接続され，2005年度を目標にすべての学級のあらゆる授業において教師および児童・生徒がコンピュータを活用できる環境を整備するため，学校のコンピュータ整備，インターネット接続，校内LAN［Local Area Network］の整備，教員研修の実施，教育用コンテンツの開発と普及および教育情報ナショナルセンター機能の整備等の計画が進められてきた。

　また，生涯学習社会の実現をめざし，IT［Information Technology］普及国民運動の一環として，高齢者を含めすべての国民にIT基礎技能を普及させる観点から，公民館等の社会教育施設において，パソコン整備とIT講習が実施されてきた。さらに，放送大学のように衛星通信［satellite communication］を活用した教育に関する情報・研修番組や学習番組等が全国で受信できるようになってきた。そのため国は，情報および情報手段を適切に選択・活用できる能力である，「情報活用能力」を育成するため，2002年度から実施した学習指導要領において，各教科等の学習においてコンピュータやインターネットが活用できるように，中学校・高校で「情報」に関する学習内容を必修化した。高等教育分野においては，ITの活用を図るため，2001年には，インターネット

を活用した授業が単位として認定される制度が実施されるなど，学校における情報教育［information education］の推進が図られてきている。なお，最近は，IT に代わり，ICT（情報通信技術）［Information and Communication Technology］が使われている。

❶ 学校における情報教育

これからの学校教育は，高度情報通信社会に主体的に対応しながら多くの人々との関わりや深い学びをとおして，生きぬく人材の育成をめざして行われなければならない。そのためには，学校教育においても，情報通信技術［ICT］を有効活用し，情報活用能力を高める教育を充実しなければならない。

(1) 情報教育の内容の充実

小・中学校では 2002 年度改訂，高等学校では 2003 年度改訂の学習指導要領の実施にともない，すべての児童・生徒にコンピュータ等を積極的に活用させる，情報活用能力の育成が始まった。

小学校段階では，総合的な学習の時間を中心に情報学習を体験させ，中学校段階では，技術・家庭科の教科内容として「情報とコンピュータ」が必修になった。さらに，2008 年の改訂により，高等学校の情報教育との接続に配慮し，「情報に関する技術」として内容が再構成された。

高等学校段階では，2003 年度から**教科**「**情報**」が必修教科として実施され，「情報 A」「情報 B」「情報 C」の 3 科目から 1 科目選択履修が始まった。2013 年度からは，「社会と情報」か「情報の科学」のいずれかを選択履習させることに変更された。

その後，2017 年度の学習指導要領の改訂でも情報教育の充実がなされた。小学校では，総合的な学習の時間に簡単なプログラミングの学習が取り入れられたり，道徳の時間には個人情報の保護の観点からプライバシーの題材などの学習事例が取り上げられている。中学校では，社会科で，生徒が主体的にコンピュータや情報通信ネットワークなどを用

い，情報の収集，処理や発表などに活用させることで，生徒が興味・関心を持って学習できるよう配慮し，かつ活用をとおして情報モラルの指導にも配慮することが示されている。また，技術・家庭科の技術分野では，情報通信ネットワークの構成と，情報を利用するための基本的なしくみや活用するメディアの特徴と利用方法を理解し，制作品の設計ができることが求められている。また，生活や社会における課題を，プログラミングによって解決する手法をとおした，システムのしくみの学習も取り上げられている。

高等学校では，普通教科の情報科の必履修科目の新設内容をとおして，プログラミング教育の充実が図られた。

(2) **各校種におけるプログラミング教育の必要性**

2017年度の学習指導要領改訂では，情報活用能力について従来からの「情報活用の実践力」「情報の科学的な理解」「情報社会に参画する態度」の3観点をふまえ，次のような対応が示されている。

学校教育における情報技術の基本的な操作については，インターネットを通じて情報を得たり，アプリケーションソフトを活用した文章の作成や編集，メールやSNS［Social Networking Service］による情報の有効利用を身につけさせる必要があり，小学校段階から文字入力やデータ保存などに関する技能の習熟を図ることが求められている。

とくに身近な製品にコンピュータが内蔵され，プログラミングの働きにより生活の便利さや豊かさがもたらされていることをふまえると，児童・生徒が将来どのような職業に就くにしても，各自が目的を実現しようとするとき，どのような働きの組合せが必要であるか，また組合せの改善はどうすればよいかなどについて論理的に考えることができるようにするためには「プログラミング的思考」を身につける必要がある。

そのためには各校種の段階に見合ったプログラミング教育の充実が求められている。

具体的な指導目標としては，小学校段階では，身近な生活でコンピュー

タが広く活用されている現状や，一般的に課題の解決には必要な手順があることを学ばせるのである。教科の学習に関しては，国語科のローマ字学習，社会科の資料活用，算数の図形やグラフの作成，理科の実験・観察の記録，総合的な学習の時間の資料収集やまとめなどの学習をとおして習得させる。

中学校段階では，社会でのコンピュータの役割や影響を理解させ，簡単なプログラミングを習得させる。技術・家庭科の技術分野では，計測・制御分野やネットワークにおけるデータ活用について学習する。

高等学校段階では，コンピュータの働きを科学的に理解させ，実際の課題解決にコンピュータが活用できるようにすることをめざし，すべての生徒の必修教科である情報科目の中で指導する。

(3) 教育用コンピュータの整備

国は，1999年度までに，次の整備計画を実施してきた。
小学校1校あたり　　22台　中学校1校あたり　42台
高等学校1校あたり　42台　特別支援学校1校あたり　8台

2000年度からは，学校規模（児童・生徒数）を勘案しながら，コンピュータ教室に加え，普通教室，学校図書館等にも配置し，校内ネットワーク化を推進し，さらに校務の情報化を進めるために保健室，進路指導室，職員室等にもパソコンの設置を進めてきた。

また並行して，すべての学校をインターネットに接続する施策を進めてきており，2001年度までにすべての中・高等学校，特別支援学校に導入し，2003年度までにすべての小学校にも導入した。

その後の整備状況を文科省の2015年度調査結果でみると，パソコン1台あたりの生徒数は，2006年度7.7人，2015年度6.2人となり設置台数は増加している。全国で整備の最も進んでいる県は佐賀県で，2.2人である。パソコンの形式は，タブレット型の設置が多い。

普通教室の校内LANの整備率は，2006年度50.6%，2015年度87.7%と進み，超高速インターネット接続率（30Mbps以上）は，2007年度

35%が2015年度には84.2%と増加している。

教員用の整備率は，2007年度は33.4%であったが，2015年度には116.1%と教員数を超えるまでに整備された。また，校務支援システムの整備率は，2011年度は52.3%であったが，2015年度には83.4%になっている。

電子黒板の設置台数は，2007年度の7,832台が，2015年度は102,156台となり，13倍に増えた。佐賀県は，設置率100%である。

さらに，都道府県の教育センターを教育用ネットワークの拠点として整備するとともに，各センターが中核となり，教員向けの情報教育に関する研修やネットワークを利用したカリキュラム開発などを全国レベルで行えるように，センターの機能の充実が図られている。

(4) 指導体制の充実

大学での教員養成段階では，カリキュラムの改善により，2000年度入学生から「情報機器の操作（2単位）」が必修化され，新規採用教員の情報活用能力の向上が期待される。

また，高等学校の教科「情報」担当教員を計画的に養成する必要があり，国や都道府県は，情報化に対応した現職教員研修を体系化し，各都道府県の情報化推進研修を実施し，都道府県段階の研修において各学校のリーダーを養成し，校内研修の充実を図ってきた。

さらに，各都道府県教育委員会の教育センター等に学校の情報化を支援する人材を配置し，各学校の運用を支援する人材の導入も図ってきた。

❷ 主要国のコンピュータ普及状況

(1) 21世紀当初の動向

各国の初等中等学校に関する動向を見ると，アメリカでは，「2000年までにすべての学校と教室をインターネットに接続する」という目標を実現し，学校単位のコンピュータ設置率はほぼ100%，インターネット接続率は98%（2000年），教室単位のコンピュータ設置率は91%（1998

年），インターネット接続率は63％（1999年）であった。

　フランスでは，「2000年までに幼稚園から大学まですべての教育機関にコンピュータを導入し，インターネットに接続する」という目標を立て，インターネット接続率は，小学校35％，中学校91％，高校98％（2000年3月）という普及状況であった。

　ドイツでは，「2001年までにすべての初等中等学校をネットワークで結ぶ」とし，普通教育学校（3万5千校）のインターネット接続率が100％（2001年10月）となっていた。

　また，韓国は「2002年までに学校のネットワーク化を完了」という目標を立て，2001年1月にはすでに初等中等学校の95％にインターネットが普及した。

　シンガポールは「2002年までに児童・生徒2人に1台のコンピュータ配置」，中国は「1999年から5～10年かけて90％の小・中学校をネット化する」など各国とも普及につとめた。

(2) 近年の動向

　最近のアメリカでは，2018年までに初等中等教育の児童・生徒のうち99％が次世代ブロードバンドおよびWi-Fiを利用可能な環境を整備する目標を掲げ，さらにプログラミング教育導入に向けた教育普及活動を実践している。州の学区や学校により異なるが，児童・生徒1人1台の情報端末整備例がすでに多数ある。とくに早くから1人1台の情報端末整備に取り組んでいる例としてメーン州があげられる。2001年からパイロット校での1人1台のノートパソコン整備に着手し，その後州全体に取り組みを広げ，2013年からはタブレット端末の1人1台を実現している。

　また，ICT活用実践事例として，初等中等教育でも遠隔教育（Mountain Heights Academy）によるオンラインの学習により，単位を取得し，卒業が可能な学校も増加傾向にあるが，教育の質が十分でないという指摘がなされている。

イギリスでは，2014年9月から新カリキュラムにおいて必修教科「コンピューティング」が新設され，この中で5～16歳までの初等中等教育期間の全児童・生徒にプログラミング教育が行われている。

　韓国は，児童・生徒用の情報端末整備率は，2012年4.7人/台で，日本の6.5人/台を上回っている。また100Mbps超のインターネット環境が学校に導入され，ネットワーク環境は世界的に見てもきわめて高い水準にある。ICT活用についても日本を上回る頻度で行われており，特に学校外では多くの生徒がICTを活用した学習に取り組んでいる。

　わが国の政府は，以前から「e-Japan戦略Ⅱ」（2003年7月）において，ITの利活用に重点を移しつつ，世界最先端の**IT国家**をめざした政策を推進し，IT利活用の環境がつくられてきている。そこでは，ネットワーク化されたデータの利活用を通じ，人類の知識や知恵を共有することにより，個人，家族，地域社会，事業者，国，地方公共団体等がそれぞれのレベルにおいて情報の利活用を高めていくことを目標としている。

　現在，わが国は超少子高齢社会に突入しており，この人口構造の変化への対応が急務となっているが，例えば，データの利活用を前提としたネットワーク化されたAIやロボットやドローン等の開発により，人間の諸活動を補助し，生産年齢人口世代をカバーし，高齢者が持つ知識や知恵を共有化させ，高齢者の再活躍の場の提供をめざしている。

　政府は2016年12月，官民のデータ利活用のための環境を総合的かつ効果的に整備するため，「官民データ活用推進基本法」を施行し，すべての国民がIT利活用やデータ利活用を意識せず，その便益を享受し，真に豊かさを実感できる社会である「データがヒトを豊かにする社会」を世界に先駆けて構築する取り組みを始めている。

❸ 急速なパソコンの進化

　パソコンの急速な普及の要因の一つとして，パソコン自体の性能の向上と価格の低廉（ていれん）があげられる。

また，コンピュータの主役の座は，大型ホストコンピュータやオフィスコンピュータに代わって，パーソナルコンピュータ（パソコン）が占めている。

　パソコンの形も，用途により，デスクトップ型，ノート型，タブレット型など多様な機種が生産され，その使い勝手も，ウィンドウズ[Windows]の出現により容易になり，低価格化と相まって，庶民の手の届く存在となっている。

　1983年（昭和58年）当時のデスクトップの16ビットパソコンは，プリンタ込みで70万円もした。CPUは8MHzと処理速度は遅く，メモリ容量も128KBで，ハードディスクなどは内蔵されていなかった。

　1996年（平成8年）になると，32ビットパソコンになり，CPUは200MHzと処理速度は速く，メモリ容量も32MBで，ハードディスクは2GBのものが内蔵された。性能は高まり，値段は10年前の半値以下となったが，まだ25万円もしていた。

　2017年（平成29年）の6万円程度のノートパソコンの性能を見ると，64ビットCPU 1.6GHz，メモリ容量4GB，ハードディスク500GBと桁違いに高性能になり，21世紀当初の値段の半額以下になっている。

　インターネットは，これからの社会を支える最も重要なインフラで，あらゆるコミュニケーションを実現するネットワークとして大きな可能性を秘めている。そして，現在主に利用されている電子メールやネットニュース，WWW[World Wide Web]等のブラウザだけでなく，すべての利用者や機器がPeer to Peer（ピアー）（対等に相対していること）で通信を行えるような高度なアプリケーションを開発・普及させることによって国民生活をより豊かにすることができると期待されている。

　現在はインターネットの通信規約として「IPv4」[Internet Protocol version 4]が使われているが，アドレス長が32ビットであるため，あらわせるアドレスは2の32乗の約43億であり，インターネットの世界的な普及に対応するためには世界の人口が現在の約60億人から100億

人になることを考えてみると，このままではアドレスが不足することが確実となり，128ビットの「IPv6」への拡張が必要になっている。バージョン6では，あらわせるアドレスは2の128乗で，43億の4乗となるから，無限に近い量であり，将来に向けて世界の情報通信の高度化に十分対応できるとされている。

　また，モバイルインターネットの普及を図るとともに，通信と放送の融合を推進し，現在まで膨大な量のコンテンツを蓄積してきた放送とインターネットの融合により，学校教育はもちろん国民生活の利便性が一層高まるように期待されている。

❹ 学校教育とパソコンの機能

　インターネット活用に代表されるデジタル化の波は，学校における「学び方」をも変える可能性を持っている。

　しかし，パソコンを利用したCAI［Computer Assisted Instruction］が発展し，便利になっても，個としての主体的な学びを除けば，教授−学習過程の本質は変わらないし，パソコンの教育における位置づけとしては，教授−学習過程における一つの手段にすぎない。

　学習活動は，教師が児童・生徒に働きかけて，教師が期待する成長を，教具や教材を活用して，生徒の内部に実現しようとするものである。

　この学習活動を効果的にするために，使い方によってはパソコンは大きな力を発揮することが期待できる。

　しかしパソコンを活用する学習活動であっても，その教材づくりや最適な活用法を選んだりするのは，教師自身であり，結局，教師の能力が問われることになる。

　例えば，インターネット情報を活用した授業展開をする場合，授業目的にかなった情報を収集し，その中から児童・生徒にふさわしい効果的な情報を選択したり，教材として適切かなどの判断は，教師の力量により決まってくるのである。つまり，教師自身の情報活用能力が問われて

いるのである。

　教科指導においても，適切な場面での情報活用能力の育成につとめる必要がある。

　その指導にあたっては，「児童・生徒が情報化社会に主体的に対応できる能力の育成」「教科指導の改善・充実にどのように情報化を活かすか」という2つの観点が必要である。

　学校，とくに教科指導におけるパソコンの活用は「指導内容として，情報の役割や，情報を処理するハードウェア，ソフトウェアについて学ぶ」や「指導方法として，教科，道徳，特別活動，総合的な学習の時間のすべての授業において，パソコンによる提示，伝達，制御，記憶の働きを活用する」などを目標とし，効果的な学習活動を進める必要がある。

❺ 教育業務の改善に活用する

　教員の業務は，授業だけでなく，校務分掌の仕事や部活動指導や課題を抱えた児童・生徒の家庭との連携などで，日常的な業務が多忙となっている。そこで，教員の働き方を見直し，長時間労働を抑制し，勤務環境を改善する必要がある。つまり，学校と地域・家庭との役割分担や，部活指導員や事務職員，ソーシャルワーカーといった教員以外の人材との連携を促進し，ICT（情報通信技術）を活用した教務事務等の負担軽減策などが求められている。

　公立学校の教員は，時間外手当が支給されない代わりに，給料の4％相当額の「教職調整額」が一律支払われている。そのため，「勤務実態が把握しにくい」「自発的で無制限な残業を助長する」などの指摘もある。文科省の勤務実態調査では，教諭の平均勤務時間は10年前から30分以上増え，小・中学校とも一日平均の勤務時間が11時間を超え，過労死のリスクが高まるとされる月平均80時間以上の時間外労働に相当する教諭も中学校で約6割，小学校で約3割いるとされている。

　2018年現在，国も緊急課題として教員の働き方改善に取り組んでい

るので，その施策に期待したい。

第2節　各種の教育メディアの活用事例

　授業等において，過去からいろいろなメディア［media］が活用され，技術の進展により，多様な教育機器が開発されてきた。
　ここでは，過去から現在まで，主要な地位を占めている「黒板」を取り上げ，板書の要点を述べる。つづいて，電子黒板の活用，ビデオ教材の制作と活用，LL設備の活用，放送教育番組の活用について述べる。

❶ 黒板の有効な活用法

　授業において，黒板に文字や図を書くことにより，子供の理解や思考を助け，指導の効率や効果を高めることができる。
　明治時代から学校教育での集団指導時の手軽な表示の教具として，黒板は有効なものであった。チョークで書くので，消すことにより何回でも書くことができ，紙の上に筆で書くことに比べれば大変経済的でもあった。
　教師が漢字の読み方や筆順を教えるときには教具となり，その学んだ漢字を書かせれば，黒板は児童・生徒の表現道具にも変化する。
　学習活動において，黒板の活用法は多様であり，さまざまな活用が工夫できる，柔軟性に富んだ教具といえる。
　しかし，すべての授業が黒板による指導となると，児童・生徒にとってはマンネリ化した教具としての印象が強くなり，掛け図や地図などの他の教具と共用した利用が始まり，現在のような，多様な教育メディアの活用が，授業改善の手段として取り入れられるようになってきた。

●板書のしかた
　黒板を有効利用するために，板書は，発問や助言とともに重要な指導手段であり，昔からいろいろと工夫されてきた。

①文字は丁寧に書くこと。

　多くの児童・生徒が見ている前で書くこともあり，うまく書ければさらによいが，へたでもていねいに心を込めて書くこと。とくに，筆順に注意すること。

②黒板全体の使い方としては，縦書きは右から，横書きは左から書き始めること。

　横書きでは，黒板は中央あたりで左右の2面に分けて活用すると，生徒から見やすくなる。黒板の下の方の文字は，背の低い生徒や後方の生徒は見にくいので，注意する。文字の大きさも，教室の広さにより適切な大きさにする。

　その場合，事前に生徒に聞いて，見えない生徒がいないことを確認する。

③白チョークだけでなく色チョークを使ったり，字の大きさを使い分けたり，文字を枠で囲ったり，矢印で関係づけたりするとよい。

　カラー表示の活用の場合は，色弱の児童・生徒が在籍する場合には，気づかれない配慮が必要である。

④授業の終わりに，残された板書でその時間の授業の流れや要点がわかるように工夫する。まとめが板書を見ながらできるようにしたい。

　なお，研究授業や教育実習時の指導案の作成時には，発問や助言事項とともに板書事項についても事前に考えてまとめておく。

❷ 大型提示装置（電子黒板）の活用

　教師は誰でも，日々の授業において，児童・生徒一人ひとりが自ら主体的な学びをとおして，学ぶ楽しさを実感でき，理解を深めさせる授業の展開をめざしている。

　その一方策として，ICT［Information and Communication Technology］機器活用の推進が期待されており，ここではその活用教具の事例として電子黒板についてまとめた。

(1) 従来の電子黒板

　電子黒板には、いろいろの形式の機種が発売されており、ホワイトボードにイメージスキャナとプリンタを備えた機種では、スキャナがホワイトボード上を移動しながら書かれた内容を読み取り、プリンタに出力し、記録や配布資料として活用できる。

　フィルム型とよばれる方式では、ホワイトボード部分がフィルム状になっていて、巻き取ることで複数面に書くことができる機種もある。

　また、プリンタに出力するだけでなく、ホワイトボード上の画面をスキャンして記録する機種もある。

　さらに最近では、高解像度パネルを採用し、明るく広い教室でも鮮明で見やすい画像と文字を表示する機種や薄型テレビ形式の大画面のディスプレイを活用し、パソコンやDVDなどの映像を表示させ、指先や電子ペンを使って画面上に文字や図形等を自由に書き加えたり消去させたりできる機種もある。また、2人の生徒が同時に書き加えたりもできる。

　画面上の図や文字は、記録したり、印刷して配布資料としても使える。

　最新のプロジェクタ形式を採用した機種では、投写面を選ばず、最大約90インチの大画面で投写する機種もある。教科書やワークシートの細かな文字情報や図表などの細部まで、教室後方の子供たちにも鮮明に見せることもできる。また、黒板に直接投写できるので従来の板書と電子黒板を同時に活用することもできる。

　また添付ソフトを使って、投写画面とパソコンをリンクさせ、パソコン上のデータを活用したり、投写画像等をパソコンに記録したりできる。

　さらに、画面の一部を隠す機能もあり、学ばせたい箇所以外を暗くし、特定の箇所だけを強調できるので、気持ちを集中させられる。

　また、書画カメラを接続すれば、細かく小さな教材を拡大して表示させ、見せることもできる。

　さらに、画面をプリントすることができ、その場で授業記録を子供たちに配布したり、そのまま掲示物にすることもできる。

活用した画面は，そのまま画像データとして保存できるので，その後の活用や授業履歴の管理にも役立つ。

2009年度（平成21年度）の大型補正予算に，ICTの環境整備が盛り込まれたため，公立小・中学校でも電子黒板の導入が進んだが，現状は小・中学校とも1校あたりに1台程度にとどまっている。

(2) **大型提示装置（電子黒板）の活用事例と課題**

小学校での活用事例で見ると，電子黒板の導入によって，児童の授業への参加意欲が向上し，児童たちからは「見やすい，わかりやすい」と反響があり，教師からも「教育効果が高まった」「教材開発に役立てられる」という実践校での意見も見られている。また，電子黒板はパソコンと連動しているので，インターネットから授業の素材になる画像や動画や音声を必要に応じてダウンロードでき，教材づくりにも役立っているとの実践事例もある。

中学校の事例では，電子黒板特有の機能を英語の授業で活用し，単語や会話表現の発声を短時間に集中して繰り返し練習することで，学習効果を高めているとの報告もある。

今後は，課題研究等の発表時に，児童・生徒に活用させ，プレゼンテーションさせる取り組みなどにも期待したい。

一方で，電子黒板を利用した教育の効果は，機器を使いこなす教師の能力にかかっており，機材が使えず教材もつくれない教師が現実には多いとの指摘もある。とくに，年輩の教師にとっては，長年の教え方には問題がないと考えており，電子黒板への活用には消極的との指摘もある。

しかしその反面，若い教師にとっては経験のなさを電子黒板のビジュアル機能で補って，生徒に理解させる利便性があると考えており，その活用に期待できる面も見られる。

❸ 立体物の投映機（教材提示装置）

比較的小型の物体や本の写真や図を直接カラーカメラでキャッチして，その画像をテレビやプロジェクタに拡大して映し出すものである。

最近の機種は，カラーカメラの性能がよいので，画面が暗いときには，手元の照明ランプを点灯させることできれいな画面が投映される。

OHC［Over Head Camera］は，焦点距離を短くするミクロレンズをつけたビデオカメラを下向きに固定したもので，提示装置として広く使われている。

❹ スクリーンの性能と取り扱い

優れたプロジェクタを用いて映し出したきれいな映像でも，性能の悪いスクリーンを使用していたのではよい映写効果を上げられない。

普通のスクリーンは，反射式（フロントプロジェクション）であり，手前の投映機から光をスクリーンにあてる方式である。

大きな講堂や，視聴覚室の大画面などでは，舞台の後方の投映機からスクリーンの裏面に投映する，透過式（リアプロジェクション）のものもある。

反射式スクリーンには，さらに指向性スクリーンと拡散性スクリーンがあり，前者は反射効率を上げるため，スクリーン表面にビーズ系・アルミ系・パール系等の加工を施した輝度の高いスクリーンである。後者は，ホワイト系やアルミ系スクリーンにレンティキュラ加工を施し，どの方向から見てもだいたい同じ明るさに見えるようにできている。

スクリーンは，使用しないときには天井のケースに格納されており，必要なときに電動または手動で下げて使用する。可搬式では，下方のケースに収納されているスクリーンを上方に伸ばした支柱につり下げる方式のものが利用しやすい。画面の歪みを解消するために，スクリーンの下方を後ろに引いて設置されるが，最近のプロジェクタでは，機器の方でこの歪みを補正できるようになっている。

❺ ビデオ教材の活用のしかた

　学校では，テレビやビデオ教材を各教室で利用できるような装置が設置され，学校放送システムとしても，生徒達が放送室から音声だけでなくビデオカメラで撮影した映像を各教室に送信して，校内テレビ放送を実現している学校も多い。

　また，単独の教室で，テレビ番組を直接見られたり，ビデオ教材を見られるVTR機器も備えられている。

　教師は，教科や教材に応じて，計画的にビデオ教材の活用を図り，児童・生徒の興味・関心を高め，学力の向上に役立てる必要がある。

　最近では，教科書の内容に連動したCDやDVDも多く作成されて販売されており，生徒の実態に合ったものを選んで活用するとよい。

　市販のビデオ教材を見せる場合は，日常的にテレビを見る感覚で何となく目的なく見てしまうため，見終わって何の印象も残らない生徒が多く出てしまう。

　そこで，教師は，事前に視聴したビデオの内容を整理して，その要点にしたがって，生徒達がビデオを見ながら学習内容の要点についてメモや感想を書きとめる空欄を設けたプリントを準備しておく。そのプリントを活用し，事前にビデオを見る学習の目的を自覚させてから，ビデオ鑑賞を始めるとよい。

　鑑賞後，プリントを完成させ，何人かの生徒に発表させたり，討論させることで，内容の確認や定着を図る。

　つまり，何の準備なくビデオ鑑賞させても，学習効果は期待できない。

❻ ビデオカメラによる教材づくり

　古くは，動画の教材づくりには，8ミリや16ミリの撮影機で写し，そのフィルムを現像所に送って映写機にかけるテープにする必要があった。編集にはテープを切って接着剤でつなぐ必要があり，教材づくりには大変な労力と時間とお金がかかった。

ビデオカメラ［video camera］も初期の頃は，小型のテープへのアナログ記録方式であり120分の録画が主流であった。アナログ式のテープ録画は，ダビングを繰り返すと画質も劣化し記録時間も短かった。

最近のデジタル方式では，記録媒体はメモリスティック等の磁気媒体となり，小型でかつ記憶容量も8GBから32GBと大容量となり，普通のビデオ撮影では数時間分の記録も可能となっている。

また，撮影動画は，ソフトを活用して，コンピュータに取り込んで映像を加工し，教材作成に活用されるようになった。

(1) **自作教材の作成法**

ビデオカメラの活用により，教師が事前に必要な教材を撮影しておき，必要な編集機器を用いて，題字やナレーションやバックミュージックを挿入したりして，ビデオ教材としての質を高め，学習効果を上げることができる。

とくに，児童・生徒が見たり，体験できないできごとをビデオ撮りして，教材化したものを活用したい。

例えば，跳び箱の教材づくりでは，個々の生徒の跳ぶようすを撮影し，上手に跳んでいる生徒の姿を，スローモーションの画像を使って分析し，踏み切り板の足の位置や手をつく位置などを画面から理解させる。そして，跳べない生徒には，各自の姿を見せて，悪いところを指摘して，修正指導に役立てるなどの方法も一つの活用法である。

動く映像は説得力がある。例えば集団指導の体育祭の行進の練習で，みんなが適当に歩いていると見栄えの悪い行進となるが，生徒達からすると自分たちの姿は見えないので，その自覚がない。

そこで，その行進のようすをビデオ撮りしてクラスの全員に見せると，自分達の姿に驚き，その後の行進の練習に活かすことができた体験がある。一つの事例にすぎないが，個々の生徒に，自分を客観的に見つめさせる場面で活用すると効果が上がる場合が多い。

また，生徒の主体的活動としては，生徒達自身にカメラを与えて，調

査学習などで取材させて，その成果を授業の中でビデオや資料を使って発表させる展開などでも，課題研究や学び方，発表のしかたを身につけさせるのに大いに活用できる。

(2) ビデオによる教材作成のポイント

●撮り方の3つの基本事項

　①ビデオカメラの視線は，あまり動かさない。

　②だらだらと同じ場面を撮影しない。

　③事後に見ても，画面から場所等が特定できるように画面構成する。

1）ビデオカメラの視線は，あまり動かさない

　①撮影する際，ビデオカメラをのぞいていて，自ら見たい被写体を追いかけてカメラを動かすと，ゆれた画面となり見にくくなる。

　②ビデオカメラの構え方は，足は肩幅に開き，脇は縮めて，両手で支えて撮影する。

2）だらだらと同じ場面を撮影しない

　①1カットシーンは，5秒くらいとする。

　②ワイドやアップの画面にするときは，できるだけズームに頼らず，自分が動いて被写体に近づくとよい。

3）事後に見ても，画面から場所等が特定できるように画面構成する

　①どこで，誰が，何をしているかわかるように画面構成する。

　②場所等の目印になる画面を撮る。

　③誰だかわかるように撮る。

　④何をしているかわかる状況を撮る。

4）応用編

　①静止画を活用して，看板などを記録する。

　②逆光では，フラッシュを活用する。

　③メモリスティックなどの活用で，パソコンに画像を取り込み編集する。

　④暗闇のものは，ナイトショット機能（フラッシュ）を活用する。

⑤接写には，テレコンバージョンレンズを活用する。
⑥固定には，三脚を利用する。
⑦優れた色彩を撮り込むには，フィルタを活用する。

さらに，動画でなく，スチール写真のように静止画の記録であれば，ネガフィルムの写真機に代わって，デジタルカメラが教材づくりに非常に有効である。

デジタルカメラの活用については，パソコンに関連づけて次章で述べる。

❼ ランゲージラボラトリ

語学の効果的な学習システムとして開発されてきたのがLL [Language Laboratory] 教室であるが，最近のコンピュータやマルチメディアの普及にともない，それらの機器の活用により高度な機能を備えたLLシステム（CALL [Computer Assisted LL] コール教室）が活用されている。

一般的なLL教室は，教師用の指導卓（マスターコンソール）[master console] と生徒用の実習デスクとがLANケーブルで接続された設備を備え，外国語の「聴き，話す」等の能力を訓練するために適切な視聴覚教材を準備し，それを個々に再生・記録しながら反復練習ができるようになっている。また，個別や集団の生徒を対象として効果的に指導するための装置を設備しており，大学はもとより，中学校や高等学校にも設置されている。

グローバル化した国際社会の中で活躍できる人材の育成には，従来の受験のための外国語の指導から，コミュニケーション能力の向上を図る一つの手段として，会話をより重視した外国語の指導の強化が求められており，LLシステムの利用が不可欠の時代になってきている。

LLの機能が従来の「聴く，話す」演習パターンから，視聴覚メディアなどを用いた幅広いLL学習へと多様化している。

最近のハードの進歩により，ややもすると煩雑化しがちなLL操作も，コンピュータコントロールにより簡単で安心して扱えるようになってきている。教材送出，モニタリングなどの基本的機能のほか，ペア・グループレッスンなどのコミュニケーション機能も一段と充実し，高度なアナライザ機能を内蔵したものもある。

　教材を準備すれば，生徒が必要に応じて個々に教材を選び，同時に練習できること，集団で練習を進めつつ，並行して一人ひとりの生徒への個別指導が行えること，学習者の自学自習が可能であることなど，LLの特徴や機能を効果的に利用して語学訓練に活用することが期待される。

　さらに，インターネットに接続し，世界中の人々との生きたコミュニケーションや世界の最新情報を教材として使える機能を備えたり，成績処理や映像メディアへの対応も図られ，語学学習以外の他教科にも利用できるラーニングラボラトリともいえる教育システムも開発されている。

第 3 節　学校教育と放送

　放送教育［broadcasting education］は，ラジオやテレビの放送を利用して行う学習活動である。日本のラジオ放送は 1925 年（大正 14 年）に開始され，教育放送は東京のラジオ第 2 放送が 1931 年（昭和 6 年）に始められ，1933 年から徐々に全国放送に拡大された。途中，第二次世界大戦による中断があったが，戦後となった 1945 年（昭和 20 年）に再開されている。

　テレビによる教育放送は，1953 年（昭和 28 年）のテレビの本放送の開始から遅れること 6 年後の 1959 年（昭和 34 年）に，NHK の教育テレビが開局して始まった。

　学校放送の初期は，小学校を対象とする内容が中心であったが，中学校や高等学校へと広がり，放送教育は，学校教育だけでなく社会人を対象とした語学教育や資格取得や教養講座へと拡大していった。

　エレクトロニクスや通信技術の進展を受けて，放送の手段も地上波の放送だけでなく，有線放送や通信衛星が利用できるようになり，さらにインターネットの普及によりその活用は広がりを見せている。

　文部科学省は，1957 年に教育放送についての次のような見解を示している。

①教育放送は，教育基本法に明示されている教育の目的を達成するものである。

②学校教育番組は，学校教育法施行規則に規定する学習指導要領に準拠して制作し，その対象を明らかにして編制する。その内容は，放送前に予知できるように考慮する。

③教育放送における商業的広告の扱いを慎重にする。

④教育放送は，教育の機会均等を図る意味から，全国中継の措置を配慮する。

つまり放送教育は，都会地でも山漁村や離島の学校でも，質の高い教育内容の学習が可能となるように，その番組づくりに期待が寄せられてきたのである。

一般的に，教師が放送内容に期待することは，「見る機会のないものが提供され，経験の拡大に資するもの」「生徒の興味や関心を高めるもの」「視覚・聴覚による経験を得られるもの」「動画や音響など高度なスタジオ技法の活かされているもの」などである。

最近では，パソコンの急速な普及にともない，インターネットの通信網を利用して，多様な情報が容易にやりとりできるようになってきた。

とくに，光ケーブルによる光通信［optical communication］などの超高速通信技術（100Mbps）の普及と相まって，ADSL［Asymmetric Digital Subscriber Line］による8〜40Mbpsの通信が，2004年には一般加入電話線を使って各家庭で利用可能となり，比較的安価な値段で常時接続のサービスが提供された。さらに1Gbpsの光回線も家庭用に普及するようになり，大量の情報や動画の送受信にもストレスなく，活用できるようになっている。

そこで今後の学校放送教育は，送りっぱなしの放送番組から双方向の番組づくりへと，インターネットを活用した番組づくりが課題となっている。

❶ NHK（日本放送協会）の学校放送

NHKでは，学校などでの教育効果をより一層高められるように，幼稚園・保育所から小・中・高等学校そして特別支援学校向けの学校放送を，2018年現在，テレビを中心に106番組放送している。また，中学・高校生を対象に，早朝や夕方・深夜の時間帯に，家庭での学習を目的とした教育番組も放送している。

NHKティーチャーズ・ライブラリーでは，2009年から，NHKアーカイブスから授業で使える動画1万本以上を提供するサービスを行って

おり，ウェブサイトからも教材をインターネット配信している。また，教員向けの放送教材活用法の講習会を実施している。

図1-3-1　NHK学校放送ホームページ

　NHKでは，幅広い対象年齢，多岐にわたるテーマを持つ学校放送番組・教育番組を制作しているが，すべての番組は「子供の豊かな心をはぐくむ」「子供には最良のものが与えられなければならない」というモットーで貫かれており，その基本理念のもとで，学年や教科・テーマ別に年間計画にもとづくきめ細かな番組が制作されている。

　さらに「教科」の枠組みを越えた「総合的な学習の時間」については，学校放送・教育放送で「情報」「環境」「国際理解」をテーマにした多くの新番組が始まっており，それらの活用も考えられる。

　また，NHKの保有する貴重な映像資料を学習用にデータベース化した「NHK学習動画データベース」を使って，子供たちから電子メールなどで寄せられた質問に答えるQ＆A形式の番組も始まっている。また，放送を中核に，学習動画データベースやホームページを使い，立体的に学習することができる「デジタル教材アプリ」の提供も行われている。

さらに，子供たちが身近な話題を取材したり撮影して，それらを活用して模擬ニュース番組を体験する「NHK放送体験クラブ」を全国の放送局で実施しており，「総合的な学習の時間」の一環としても利用できる。

❷ 衛星放送の活用

　衛星通信を可能にする人工衛星［satellite］には，高度36,000kmの静止軌道の**放送衛星**（BS）［Broadcasting Satellite］と**通信衛星**（CS）［Communication Satellite］がある。

　通信衛星を使えば，電波が届きにくい地域でも，山や建物などに遮断されることがなく，電波を受信できる利点がある。また，4K，8K放送も始まるので，高品質の教材の受信も可能になってくる。

　そこで，離島や山奥の学校でも，衛星テレビの教育番組を受信して活用できるようになっている。

●日本の放送大学

　従来，放送大学は，関東地域に限られて利用されていたが，1998年（平成10年）1月から衛星通信を利用した衛星デジタル放送が開始されて，放送大学の番組が全国で受信できるようになった。

　放送大学の設置目的は，今日のように変化の激しい，かつ複雑化する社会において，あらゆる年齢層を通じて，人々の生活課題が多様化し，また文化的欲求が増大しつつあり，教育に対する強い関心や多様な学習意欲の高まりをみせている状況に対応するものである。

　放送大学学園は，このような生涯学習の時代に即応し，放送大学を設置し，かつテレビ・ラジオの専用の放送局を開設し，放送等を効果的に活用した新しい教育システムの大学教育を推進することにより，レベルの高い学習の機会を広く国民に提供するとともに，以下のように，大学教育のための放送の普及発達を図ることを目的として設立された。

①生涯学習機関として，広く社会人に大学教育の機会を提供すること。
②新しい高等教育システムとして，今後の高等学校卒業者に対し，柔軟

かつ流動的な大学進学の機会を保障すること。
③広く大学関係者の協力を結集する教育機関として，既存の大学との連携協力を深め，最新の研究成果と教育技術を活用した新時代の大学教育を行うとともに，他大学との交流を深め単位互換の推進，教員交流の促進，放送教材活用の普及等により，わが国大学教育の改善に資すること。

　2017年度1学期の在籍者は，全科履修生58,774人，その他選択履修生，科目履修生などを含めた全体では，87,145人が学んでいる。

❸ インターネット活用の教育プロジェクトのあゆみ

　国は，すべての児童・生徒に情報活用能力を身につけさせるため，全国の初等中等学校へのパソコン導入と各教室からインターネット接続を可能にする計画を推進するために，機器の整備とそのための教師の情報活用研修を実施してきている。

　学校教育において，学習指導の場面でインターネットを活用するためには，文字や音声だけでなく，動画が欠かせない。そのためには，光ケーブルを利用した高速通信ネットワークの設備が必要となる。

　インターネットを利用した今後の学習指導の展開としては，従来の学校単位，クラス単位を原則としてきた集合学習方式を見直し，コンピュータとネットワークの技術利用による，時間と空間を超えた新しい学習形態に期待が寄せられている。

　そこで，国は1994年度（平成6年度）から2年間，全国の約100校を対象に，コンピュータネットワークを活用した学習活動の実践研究を行った。活動内容は，共同で企画した「全国発芽調査」「酸性雨調査」など，異なる地域における違いを調査研究した実践である。成果としては，学習活動が一層高度で能動的なものになり，国内外の学校・生徒との情報交換やデータベースなどの知的資源へのアクセス・活用が可能となり，創造力・思考・表現力を高め，従来の枠を越えた学習成果が期待できたとしている。

また，こねっと・プランは，日本電信電話（NTT）が文部省の協力を受けて，1996年（平成8年）から2年間，全国の小・中・高等学校など約1千校を対象として，インターネットを中心としたマルチメディアの利用環境整備を支援する教育プロジェクトである。わが国は，民間企業の立場から初等中等学校に対する教育を支援するプロジェクトは，諸外国に比べ立ち後れており，このような企画を大いに今後拡大していく必要がある。当時としては電話回線より高速なISDN回線を使い，ダイヤルアップIP接続（端末型）によるインターネット接続を利用し，パソコンTV会議システムによる学校間交流や各地区の自然・文化・歴史などのテーマのホームページ作成などに利用した実践であった。

　その後，総務省は教育分野におけるICT利活用を推進するため，文部科学省と連携し，2014年度（平成26年度）から2年間，「先導的教育システム実証事業」として，クラウド技術を活用することにより，児童・生徒や教員等が多種多様なデジタル教材・ツールを，いつでも，どこでも利用し，かつ低コストで導入，運用可能な「**教育クラウド・プラットフォーム**」の実証に取り組んだ。その成果である「教育クラウド・プラットフォーム」の標準仕様や教育現場におけるクラウド活用の先進事例について，「教育クラウド・プラットフォーム協議会」と連携しながら，全国の教育委員会等に対して普及を図っている。

　さらに，2017年度（平成29年度）からは，文部科学省と連携し，教職員が利用する「校務系システム」と，児童・生徒も利用できる「授業・学習系システム」間の安全かつ効果的・効率的な情報連携方法等について実証を行い，「スマートスクール・プラットフォーム」を標準化し，全国の学校に普及させるとともに，その円滑な運用基盤となる，次世代ネットワーク環境についてのガイドラインの策定が期待されている。

　そこで，いつでも・どこの学校でも，クラウドコンピューティング等の情報通信技術を活用し，多様なデジタル教材を低コストで利用できる学校向け教育クラウドサービスの充実が期待される。

❹ 反転授業とスマイル学習

「反転授業」の概念は2000年代に入り欧米で主張されてきた。初等教育では，2007年にアメリカのバーグマンとサムズが，自分の講義を録画して，授業前に各生徒に自宅で視聴させる手段をとり，その後の授業では「理解度チェックや個別指導やプロジェクト学習（課題解決型学習）」等を導入部分とする授業実践を，「反転授業［flipped classroom］」とよんだことが始まりである。

彼らは，授業で生徒達が教師を必要とするときは，勉強につまずくなど，個別に手助けしてほしいときであり，単に教師が大勢に向けて喋るだけならとくに教室で対面指導する必要はないと言っている。

つまり彼らは，授業に先立ち理解しておく必要がある内容のビデオを生徒達に宿題として聴取させ，自学することを課し，理解できなかった内容等については，授業の初めに個別にフォローするという手法をとっていた。

この実践は，授業を欠席した生徒達のためにも役立ち，その後，講義動画をインターネットで配信し，生徒がいつでもアクセスして学習できるような方向にも発展した。

この実践と類似した試みが，佐賀県武雄市で「スマイル学習」として実践されている。

ここでの「スマイル学習（ビデオ予習型授業／武雄式反転授業）」は，市内の小学校で2013年11月から算数や理科等の公開授業として始まった。2017年度の小・中学校の公開授業の案内は，武雄市の教育委員会のホームページで開催日と実施教科等を知ることができる（2018年現在）。

「スマイル学習」の形態は，児童・生徒が，各自に配布されているタブレット端末を活用し，各家庭で翌日行われる授業内容に関する動画を見ながら自学自習して，知識の習得をする。その上で翌日の学校の授業では，児童・生徒が主体的な教え合い，学び合いを中心とする協働的な

学習を展開できる授業形態がとられている。

児童たちは、タブレット端末活用の新鮮さもあり、自宅での自学自習にも意欲的に取り組み、わからないところは機器を止めてふりかえりながら自学できるのでよいとの感想を述べている。

この方式で学習成果を上げるには、自宅での自主学習に活用する良質な学習教材の開発が欠かせず、学校間の教師同士の開発協力体制や教材開発会社等の協力も欠かせない。

❺ 家庭向けの学習端末とソフトウェア

家庭学習向けの専用タブレット端末で学ぶオンライン通信教育講座は、インターネット常時接続環境を活用し、提供される学習教材のソフトウェアを、各家庭で専用のタブレット端末を使って自学できるシステムである。

各学習教材会社では、小学生から中学生向けに、より楽しく、使いやすく、継続して学べる自学教材を教育現場の先生方と協力して開発し、児童・生徒への自学学習教材として提供している。

一般に活用するタブレット端末は、ノートと同型サイズで、付属の専用ペンは鉛筆のような書き味で、ディスプレイ上に書きながら学ぶ。

画面上には、ペンでも指でも、鉛筆と同じ感覚で、スムーズに書きながら学べる。また、手書きの内容を認識して正誤判定したり、数式、漢字、英単語のスペルの自動認識も可能な機種もある。

さらに、図形・グラフ、漢字や英単語などを、書くことで記憶を定着させることができる。さらに、保護者は、わが子の学習状況を、手持ちのスマホで知ることもできる。

また、自治体が各学校の児童・生徒にタブレット端末を配布し、授業改善の推進に役立てている事例もある。

❻ e ラーニング（遠隔学習）の活用

　従来からの，受講生が教室に足を運んで座席に座り，先生の話を聞くという，当たり前の光景が，e ラーニング［e-Learning］によって変革されようとしている。

　e ラーニングにはさまざまな形態があり，**遠隔学習**［distance learning］，Web をベースに学習する WBT［Web Based Training］などがある。

　現在では，教師が学習者から離れた場所にいながら授業を行う方法は，情報通信の進展によりさまざまな形態で実施されるようになった。

　インターネットや通信衛星や放送衛星などを利用し，教師の授業を自宅にいながら，コンピュータネットワークやテレビ・VTR を組み合わせて活用しながら学習できる。

　学習成果の伝達には，電子メールを利用したり，同時に双方向の対話ができるシステムも活用されている。

　とくに，生涯学習機関での職業資格取得学習への活用が広がっている。また，大学が実施する遠隔授業による単位認定が 1998 年度（平成 10 年度）から正式に認められた。企業でも従業員の知識やスキルの向上を図る目的で活用が広がっている。

　IT 技術を利用した教育システムでは，コンピュータで DVD の教材を活用し，マルチメディア技術を取り入れたりして，インタラクティブな学習ができる特徴がある。

　この方式は，教育分野だけでなく，オンラインマニュアルやコンピュータシミュレーションなどの分野にも利用が広がってきている。

　e ラーニングの特徴について，野々下裕子氏は，いつでも，どこでも，誰でも学べるが，「e」が意味するのは，「electronic」よりも「experience」（体験）とのとらえ方が大切だとし，e ラーニングで学ぶことは知識だけでなく，自ら積極的に学ぶという学びへの取り組み方も含まれていると指摘している。

日本人は勤勉な国民といわれながら，学校や社会において受け身の学習や訓練が主流だったので，能動的な勉強法は苦手としてきた。
　しかし，これからは自ら積極的に学ぶ姿勢がなければ，国際社会では生き残っていけない。
　中等教育においては，高等学校の工業科と商業科では専門教育として1965年（昭和40年）以降には情報教育は行われていたが，2003年（平成15年）に施行された高等学校学習指導要領で，すべての高校生に普通教科「情報」が必修科目として設置され，一般社会人向けには各地方公共団体によりインターネット講習等が始まり，国としてのITのリテラシー教育は進んできたが，学びのスタイルは受け身の時代が続いてきた。
　情報化時代には自らが動かなければ情報は得られない。日本人にとってeラーニングは学び方を身につけるチャンスでもある。
　アメリカでは，主要企業の40％がeラーニングを企業研修などに活用している。また資格取得に活用する場合は，いつでもどこでも受講することができる点や，通常の講習を受ける場合よりも経費がかからない利点がある。
　eラーニングに活用されるソフトは，次の3つのタイプがある。
①教材マニュアル型
　インターネットを活用してホームページなどに掲載されている教科書やマニュアルの内容を学習する。質問や連絡は電子メールや掲示板を活用する。暗記ものの教材に活用されている。
② RPG［Role Playing Game］型
　学習ステップに合わせて，学ぶべき方向を選べる。CGI［Common Gateway Interface］やJavaなどのプログラムを利用して同時に双方向の学習が可能である。また学習履歴も残り，マイペースで独学するのに適している。

③コミュニティ型

　①，②に加えて，先生に質問したり，生徒同士で討論したりできる機能も備えている。自分のペースに合った学習形態が可能であり，今後，この方式が主流となるといわれている。

　eラーニングを普及させるためには，コンテンツの内容に合わせて，どのような技術を組み合わせていくのかが重要となる。

　常時接続で，安価な光通信の普及により，大容量のデータがスムーズにやりとりでき，ストレスなく学習できるようになり，提供できるコンテンツの幅も広がっていくと期待されている。

　各大学にとっては，学生数が減少するという予測のもとで，社会人の学生を獲得することが重要で，eラーニングを手がける大学が増え，大学間の競争は国内はもとより世界的にも厳しくなってくる。

　国内では，信州大学が遠隔授業による大学院教育を本格的に導入し，新規に東京通信大学も2018年に開講している。スタンフォード大学は一部の授業のみであるが，日本向けの講座をスタートしている。

　また，今やブロードバンド先進国の韓国では，IT技術専門学校である三星マルチキャンパスが，在米韓国人を対象にした遠隔教育サイトを開設し，韓国語が話せない在外韓国人のための遠隔教育サービスを開始したなどの事例がある。

　東京都は，学ぶ意欲を有する者を広く受け入れ，高等教育のセーフティネットの役割を果たすとともに，インターネット等の情報通信技術および都立高校等とのネットワークを活用した多様な学習をとおして，個々の生徒の自己実現を可能にする新しいタイプの通信制高校「トライネットスクール」[tri-net school]を開校している。

　生徒は自宅にいながら，光通信等の高速情報通信の常時接続を活用して，学校の教材を学び，卒業資格が修得できる，通信制高校の新たな形態である。

　遠隔教育システムでは，効果的なプレゼンテーションができ，受講者

が満足する情報提示が可能な伝送システム,提示システムが必要になる。

　受講者が不特定多数である場合，受講者の学習意欲に期待することも大きいが，同時に教師の力量も問われることになる。

　わが国の代表的な民間の職業資格取得関係の専門学校の例では，通信衛星かインターネットのどちらかを選択して,学べるようになっている。

　通信衛星では，通信放送である CS 放送を活用する場合，教師の講義を契約した受講生が受信して，放送時間に合わせて学習するか，DVDに録画して何度も繰り返し学習することができる。

　インターネットでは，光通信を活用してパソコンと接続することで,情報伝達が高速で可能となり，教材の画面への表示もスムーズにでき,画像や電子黒板の板書もダウンロードして，プリンタに出力できる。

　これらのシステムにより,受講者が好きな時間に,いつでも学校のサーバーに接続して教材を取り出し,学習ができる。また,質問などは,メール機能が活用できるしくみになっている。

❼ 学習管理システム［LMS：Learning Management System］

　当初のeラーニングでは，学習者は教材提供会社等から教材を CD や DVD によって提供され，その教材を活用しパソコンで自学していた。この方法では，学習者のモチベーションの維持が難しく，教材提供会社も学習者の学習状況などの情報管理ができなかった。

　この状況を改善し,学習者の学習内容の理解度や知識レベルを把握し,学習者にとって最適な学習内容が提供できるように情報を管理し,かつ教材の改善充実に資するシステムが LMS である。このシステムを活用する教材提供会社は，学習教材の保管・蓄積，学習者への学習教材の適切な配信および学習者の学習履歴や試験の成績などを統合的に管理している。

❽ 無料の通信大学講座　「gacco」（http://gacco.org/）

「gacco」は，日本初のMOOC（大規模オープンオンライン講座）として，多彩な講師陣を迎えて開講した新しい教育サービス機関である。

ドコモgacco社がJMOOC（日本オープンオンライン教育推進協議会）と連携して，提供している，個人向けのオンライン大学講座であり，会員登録すれば無料で受講できるシステムである。「gacco」の特質は，オープンなオンライン教育環境の実現に必要な本格的な基盤サービスの提供を通じて，受講生にとって付加価値が高い新たな学習モデルを提供することをめざしている。また，本格的な大学の講義やビジネス直結の講座から知的好奇心を満たす講座まで，さまざまなジャンルの講師の本格的な講義が視聴できる。さらに掲示板で，同じ講義を受講する仲間と熱いディスカッションが繰り広げられ，講師も参加し，大学のゼミ活動と同様に，深い学びができる。

このような，インターネットやICT技術を活用し，低コストで高品質の教育を提供するシステムとして，教育［Education］とテクノロジー［Technology］を組み合わせたエドテック［EdTech］が最近注目されてきている。

第2章 情報機器の活用による学校教育の改善

　パソコンは，情報活用能力の育成のために活用されるだけでなく，教師が学校教育の質的向上や業務の効率化をめざす一つの手段として，活用を推進することが求められている。
　そこで，この章では，教師がパソコンを学習指導の改善・充実に役立てる視点および学校運営に関わる多様な事務処理を省力化したり，効率化する手法について述べる。

第1節　パソコンによる学習指導の改善

　パソコンの活用は，とくに，①従来の学習指導法では困難な指導内容についても，新たな効果的な指導方法を可能とし，②児童・生徒一人ひとりの能力・適性などに応じた個別指導の改善・充実にも役立てることができ，さらに，③一斉の学習指導時でも，その活用により児童・生徒からの発信機能が強化され，教師と児童・生徒とのマンツーマンの意思疎通が可能となるなどのメリットがある。
　そこで，パソコンは，活用しだいで教師の助手としての機能を果たすと同時に，指導形態を柔軟化し，児童・生徒の個性を活かす教育や創造性，表現力などを伸張させることができる。
　しかし，パソコンは，あくまでも多様な教育機器の一つであり，教師がよりよい授業を行うためのツール（道具）として，また，児童・生徒が自ら考え，工夫し，学ぶ力を習得させるための一つのメディアとして活用することが大切である。

とくに現在のパソコンは，文字だけでなく，音声や映像の情報も活用できるマルチメディアツールとしての機能を備えるようになっており，電子黒板，液晶プロジェクタ，CD-ROM，デジタルカメラ，教材提示装置，ビデオデッキ，プリンタ，通信装置などを適宜に組み合わせて活用するとよい。

このようなパソコンに代表されるメディアを自在に活用することにより，児童・生徒の学習意欲を喚起し，自ら学ぶ意思や意欲，論理的な思考力，的確な判断力，豊かな表現力などを基本とする「新しい学力観」に立ち，主体的で対話的な深い学びにより「生きる力」を習得させたい。

そして教師は，パソコンの活用により，教師自らゆとりを生み出し，教師本来の教育活動である児童・生徒との人間的な触れ合いや教材研究に多くの時間があてられるようにすることが，理想的な姿である。

❶ 学習指導法の改善

パソコンを活用した学習指導のねらいは，児童・生徒一人ひとりの能力，適性，興味・関心に配慮しながら，児童・生徒が主体的に学習に取り組む教育環境をつくり，自ら学ぶ態度を育成し，基礎的・基本的な知識と技能を身につけさせることである。

パソコン活用にあたって，とくに教師は，知識を児童・生徒に一方的に伝達し，それを受け身の態度で機械的に受容させるのではなく，児童・生徒が自ら考え，判断し，表現するのを支援することが必要である。

つまり，パソコンを児童・生徒が主体的に探究活動，調査研究，創作活動，表現活動などにどう活かすかが課題となる。

学習指導におけるパソコンの活用方法については，
(1)児童・生徒が**学習のツールとして活用する場合**と，(2)教師が指導のツールとして活用する場合の2つに大別できる。

(1) **児童・生徒による学習のツールとしての活用**

各教科・科目の学習活動では，児童・生徒の主体的な活動を重視する

場面が多々ある。パソコンは，このような場面で，情報の表現に活用したり，課題解決の知的ツールや創造的活動のツールとして活用することが大切である。

1）シミュレーション機能の活用

　学習にあたり，実体験できない自然事象や社会事象に関する実験などをパソコンで模擬的に実現し，理解を深めるために活用することができる。このための市販ソフトも発売されている。

①算数・数学……関数とグラフの関係などについて，データの変化に対応して，結果を予想したり，発見させたりして，数学的な見方，考え方の育成をめざし，活用する。

②理科……音や光の現象，落下や天体の運動，あるいは食物連鎖などといった動的で実際に実験するには困難なことがらについて，事象の因果関係を考察するなど，問題解決型の学習に活用する。

　ただし，シミュレーション学習を行うことで，実際に可能な実験・実習さえも行わず，パソコン学習で代替するようなことのないように，十分配慮する必要がある。

2）検索機能の活用

①国語……百科事典や書籍などのデータベースから，必要な情報を収集して，各自が自主的に資料づくりなどの課題解決型の学習に活用する。

②社会……社会・経済や人物・歴史や地理などのデータベース［database］から，必要な情報を選択して活用する。

③技術・家庭……食品の栄養分析や献立表などのデータベースから，必要な情報を検索して，栄養計算などに活用する。

3）ワープロソフトの活用

　各教科で，レポートや学級新聞などの文書作成に，ワープロソフトを活用させることにより，新しい情報の創造，伝達，発表能力を育成することが可能である。汎用性のあるソフトであり，多様な学習場面での活用ができる。

4) グラフィックス機能の活用

　概念図や模型図あるいは資料などを表示させ，それと現実の映像を合成して示し，むずかしい概念の理解を助けたり，自然現象や社会事象を総合的に把握するために活用する。

①数学，理科……数値やデータをグラフ化することにより，数の表現方法や現象の一般化について理解を深めるのに活用する。

②図工，美術……マウスやペンタブレットを用いて描画させる。配色や形の構成を容易に変化させることができる特徴を利用して，創造能力や造形能力の育成に活用する。

5) 計測・通信機能の活用

　理科，技術……温度・湿度などのセンサを利用して電気量に変換し，パソコンに取り込んで処理し，測定値を表やグラフにまとめてわかりやすく表示し，解析などに役立てる。

　また，通信ネットワークの利用により，広域で遠隔地のデータを収集分析したり，諸外国とのコミュニケーション能力の育成にも活用する。

　例えば，生徒が知りたい情報を世界中のホームページから探し出してまとめたり，諸外国の学校との情報交換に活用する。また日本各地の学校が大気の観測や種蒔きを同時に行って比較研究するなど，共同のテーマによって学習する実践などが行える。

(2) **教師用の指導ツールとしての活用**

　パソコンは，児童・生徒の習熟の程度，学習進度，認知スタイルなどに応じて，多様な活用方法が可能である。

　従来は，**CAI** [Computer Assisted Instruction] に代表されるように，児童・生徒がコンピュータと対話しながら学習していくような使用法が主流であったが，現在では，ハードの進歩にともない，マルチメディアとしての機能を活用し，教師と児童・生徒とのコミュニケーションを大切にしながら，教師の指導のもとに児童・生徒が主体的に学習するツールとして活用する方法が広がっている。

また，授業の記録や授業分析，授業評価などの情報を，個々の児童・生徒についてデータ化し，これをもとに，教師がきめ細かい学習指導の改善・充実に利用する**CMI**［Computer Managed Instruction］としての活用も進んでいる。

１）ドリル学習への活用

　パソコン活用による**ドリル学習**は，個々の児童・生徒の基礎学力の定着をめざして，個に応じた進度で問題解決を一つひとつ行いながら，つまずけばフィードバックによりヒントが出るなど，プログラム学習の考え方がソフトに活かされている。

　ドリル用のソフトは，CAI用のソフトとして多くの教科のものが市販されている。

２）提示用教材への活用

　従来の黒板や掛け図では，提示できる教材の量や方法は限定されるが，パソコンでは，個々の児童・生徒が多くの情報の中から，必要な情報を自ら選択，加工して活用できる。

　また，市販ソフトには，シミュレーション機能やグラフィック機能によって，文字だけでなく音声や映像による解説なども同時に加わって，わかりやすく，活用しやすいソフトが多く発売されている。

３）データベースへの活用

　児童・生徒の課題学習の活用では，必要な学習情報を事前に**データベース**化しておき，児童・生徒が自ら必要に応じて検索し，学習活動を効果的に進めることもできる。

　例えば，個別指導においては，学習のつまずき時のKR［Knowledge of Result］情報（解答結果などについての戻りのフィードバックの情報で，誤答に対するヒントなど）や実験・実習では，その手順の情報などをデータベース化しておき，児童・生徒は先生の指示を待つことなく，必要な情報を検索して，自ら学習を進めることができる。

　多くの分野のデータベースソフトが市販されており，各教科での調べ

学習などに活用できる。

❷ インターネットの活用

　コンピュータ通信などを利用して，学校間，あるいは学級間で，情報交換をしながら，共同で学習活動を進めていく，遠隔共同学習という形態もある。

　コンピュータネットワーク，とくに，インターネットの学校への普及にともない，このような形態は，今後もますます増加していくことになろう。

　共同学習の形態としては，①地域の異なる同じ学年のクラス，②高学年と低学年，中学校と小学校など学年や校種の異なるクラス，③外国の学校などとの交流など，さまざまある。

　山村と都会や，寒い地域と暖かい地域など，異なる環境をお互いに意識させることによって，自分たちの地域を見直すなどの実践が報告されている。

　インターネットの利点を活かした共同学習の実践事例としては，情報教育のねらいと環境教育の目標を同時に達成しようという「酸性雨の共同観測」「水と地球と私たち」プロジェクト，「太陽の同時共同観測」，参加型データベースづくりを学習活動の軸とした「野菜・果物データベース」，海外の日本人学校間での「国際調査隊」などの実践が報告されている。

❸ 指導形態に応じた改善

　学校での一般的な指導形態は，クラス単位の一斉指導，クラス内をいくつかの班に分けて指導するグループ指導，個々の児童・生徒をマンツーマンで指導する個別指導に大別できる。

　実際には，これらの指導形態を適時・適切に組み合わせて指導するが，パソコンの活用もそれぞれの指導形態に応じて工夫することが大切であ

る。

(1) 一斉指導の改善

　パソコンが教師用1台の場合，電子黒板や教室前面に置かれた大型ディスプレイや液晶プロジェクタなどの拡大提示装置と組み合わせて活用する。

　パソコンが威力を発揮するシミュレーション機能やグラフィック機能を活用して，学習の深化を図ることが可能となる。

　パソコン室での授業の展開では，児童・生徒1人に1台または2人に1台あり，かつ各パソコンがLANでつながれていれば，教師と個々の児童・生徒が一斉指導でありながら，コミュニケーションをとりながら授業を進めることが可能である。

　また，児童・生徒同士も相互にコミュニケーションをとることができ，学習の多様な場面での展開が期待できる。

　さらに，教師の画面や個々の児童・生徒の画面を，必要に応じて，教師卓から全員に提示できるので，指導内容の確認や励ましの指導に活用することもできる。また，児童・生徒の個々の学習履歴が記録として残るので，集計・分析して，その情報により個別指導や事後指導の改善・充実に役立てることができる。

　1人1台のパソコンの活用にあたっては，色弱の子供にはとくに配慮すると同時に，児童・生徒相互のコミュニケーションを減らしたり，パソコンに親しむ機会のない子供や苦手と感じている児童・生徒に孤立感や不安感を与えたりすることのないように，配慮することが大切である。

　2人に1台のパソコンの活用にあたっては，互いに操作を交代させながら，協力して学習を進めるような指導計画が必要である。

(2) グループ指導の改善

　小・中学校で，1クラスの人数分のパソコンが導入されていない学校では，一斉指導において，何名かのグループで共同で活用する方法が進んでいる。

各教科とも，各グループの構成員が互いに協力し合って，各種の調査や実験・実習を行い，そのデータ処理などにパソコンを活用する。
　この場合，学習過程で児童・生徒の相互作用により，学習効果がいっそう高まることも期待できる。
　例えば，植物採集の後，植物検索データベースを活用して植物の分類を調べることや，各班ごとに学級新聞づくりをワープロソフトを活用して行うなど，多様な活用が考えられる。
　また，数台のパソコンが教室に常に置いてあれば，日常的にパソコンに慣れ親しむ機会が多くなる利点もある。

(3) **個別指導の改善**
　児童・生徒一人ひとりに1台のパソコンが活用できる場合には，一斉指導においても，個別指導を適時に行うことができる。
　しかし，個別指導に活用できるパソコンが少ない場合には，放課後などの時間を有効に活用して，遅れがちな児童・生徒の個別指導にあてるとよい。
　例えば，一度学習した内容を本当に理解しているか，パソコンを活用して確認し，定着を図るときに活用する。
　とくに，基礎学力の定着に役立てるためには，ドリルソフトを活用して，反復学習をさせることが必要である。
　教師が常についていなくても学習は可能であり，学習履歴にもとづき，教師が適時に児童・生徒に対話しながら指導助言を与えることにより，教育効果を上げることができる。
　パソコンは，当初は文字情報が主体であったが，現在ではマルチメディアパソコンが主流となり，文字だけでなく動画や静止画，音声により，いっそう理解を深めることができるようになっているので，児童・生徒の興味・関心を高めやすい。
　個別学習では，児童・生徒が自分のペースでじっくり考え，納得いくまで学習できる。しかし，そのためには，事前に用意するソフトは，学

習過程の適所で問題などの課題を設けて解答させ，入力された解答を受けて，ヒントや補足説明や補充問題を加えながら学習が深化できるソフトであることが重要である。

　また，誤答分析により，誤りの原因や傾向をつきとめ，教師による個別指導の資料として役立つソフトが望ましい。

❹ パソコン活用の長所と短所

　これまで述べてきたパソコン活用による学習指導の改善・充実の要点についてまとめると，次のようになる。

(1)　長　所

①パソコンに代表される情報手段は私的活用が推進されるので，指導の個別化や指導形態を柔軟に行えるようになる。

②教師と児童・生徒間の双方向の意思疎通が可能となり，児童・生徒の発信機能が強化できるので，主体的に学習できるようになる。

③パソコンは，他のメディアと組み合わせて活用することができ，児童・生徒の学習意欲や集中力を高めることができる。

④個性に応じた指導ができるようになり，創造性，表現力を伸張する教育ができる。

⑤シミュレーション機能により，実際に体験できない事象を，間接的・模擬的に経験でき，理解を深められる。

(2)　短　所

①使い方によっては，知的創造力を鈍化させる。

　つまり，パソコンを使えば何でもできるという錯覚から，自分の手を使ってなしとげるとか，自分の見方で自然や人間を見ようとする態度が弱まる。

②間接経験のみに依存するあまり，自然，人間，社会との直接的な触れ合いが減少する。

③連続・長時間の活用により，感覚器官など個人によっては身体的影響

が心配される。

(3) パソコン活用上の配慮事項

①パソコンの活用が，豊かな人間性の育成を阻害することのないように対処する。

②基礎的・基本的な事項の定着を図る記憶主体の学習指導では，パソコンなどを活用して定着を高め，他方，教師と児童・生徒との関わりの必要な分野の指導においては，重点的に教師の力を集中させ，人間的なつながりを強める指導法を工夫する。

③実験・実習や体験学習をパソコンなどのニューメディアの活用におきかえるのではなく，メディアの活用により，教育にゆとりを生み出し，自然の中で心身を鍛練したり，実社会での実体験などの機会に振り向けるようにする。

④これからの情報化の進展した社会で生き抜くためには，すべての児童・生徒に必要な情報リテラシーを身につけさせる必要があり，地域，性別，家庭の経済力などによりパソコン活用の教育機会に差が生じないように，パソコンなどのニューメディアに対する学習の機会均等を保障する必要がある。

⑤すべての児童・生徒が情報の受け手と送り手の両方の役割を持つので，著作権の侵害やプライバシーの保護等の情報モラルを身につけさせる必要がある。

第2節　学校運営とパソコン活用

　学校での教師の教育活動には，学習指導以外に教育活動を支え，学校を運営するためのさまざまな情報処理業務があり，これらにパソコンを有効に活用することが大切である。例えば，次のような多様な事務処理がある。

①成績処理，出欠管理，教育課程編成，指導計画作成などの教務事務

②生徒の進路指導に関する事務

③体力測定や健康診断などの健康保健事務

④生徒指導，部活指導，生徒会指導などに関わる事務

⑤施設・備品の管理事務

⑥各種資料・文書の処理事務

⑦会計事務

⑧図書館の管理事務

　これらの中でも，教育活動に関わりの深い事務処理の部分におけるパソコンの活用については，各学校独自のソフト開発に期待するところがあったが，一般企業同様，各学校の業務処理にも，最適な市販ソフトを活用し，安全で能率的に業務処理を進め，教師の業務負担を軽減する必要がある。

❶ 教務事務処理の改善

(1) 成績処理への活用

　成績処理は，生徒の学習成績の処理と分析を行うもので，最もパソコンが活用されている分野であり，専用の市販ソフトも多く発売されている。

　また，一般の表計算ソフトを成績処理に活用する場合も多い。

　例えば，市販の中学校の定期テストの成績処理ソフトでは，パソコン画面の指示にしたがって科目ごとに点数を入力すると，学年やクラスでの個人の合計・平均・順位が3年間の推移としてグラフに表記されたり，パスワードにより，個人情報の管理もできるようになっている。

　また，観点別評定作成支援ソフトでは，教科ごとに7つまでの観点を設定し，観点別に入力することにより，観点別評価の集計業務を短時間に効率的に行うことができる。さらに，総合評価としての評価点も作成できる。

　一般に汎用の表計算ソフトなどを成績処理に活用する場合は，各学校

の成績処理の方法や一覧表などの形式が異なるので，表形式などを各学校専用に加工して利用していることが多い。

(2) 指導計画作成への活用

　学習過程でのさまざまな情報をパソコンで処理し，必要に応じて有効な情報を取り出し，より適切で効果的な学習指導を実現するため，指導計画の立案にパソコンを活用する。

　そのためには，各教科の内容に関する知識とともに，授業設計，教育評価などの知識が，その前提として必要である。

①教科科目の目標や学習内容を構造的に整理したデータを蓄積しておき，パソコンで検索するなどして，指導計画や教育課程の編成に活用する。

②学習の目標と内容に応じて，適切な指導法や教材・教具などの情報をパソコンに蓄積しておき，検索して授業の設計・実施に活用する。

③児童・生徒の学習成果を評価するため，テスト問題や課題項目を蓄積しておき，必要に応じて検索して活用する。

④児童・生徒の学習過程での学習情報を蓄積しておき，個々の児童・生徒の学習診断に活用するとともに，指導法の改善に利用する。

(3) 時間割作成への活用

　時間割作成ソフトは発売されているが，各校種や各学校により規制条件が多様であり，とくに専門学科の高等学校では，その活用が教科用の分野のソフトに比べて遅れている。

　一般的には，高速なコマ入れと使い勝手に配慮し，教師別や科目別など個別の条件設定もできるようになっている。

　AI機能（人工知能）［Artificial Intelligence］によりコンピュータに人間の知的行動（言語理解，学習，問題解決など）をさせるシステムを有し，複雑な合同展開授業や横一斉展開の設定もできたり，年間授業時数計算，補充振替授業の機能なども備えたソフトも発売されている。

　この種のソフト開発には労力と時間がかかるので，各学校で開発でき

るものではない。そこで市販ソフトの導入が必要となるが，各学校の条件設定に柔軟に対応できるソフトが望まれる。

❷ 進路指導への活用

中学校，高等学校などの進路指導は，入学から卒業までの一人ひとりの生徒の成長の記録として大変重要な情報なので，個人情報の活用と管理に十分配慮しながら，生徒個々の特性を活かす指導に活用することが大切である。

しかし現実には，生徒の進学および就職の指導に活用の重点がおかれているのが現状である。

進路情報の管理では，進学先の各学校や就職先の各企業の情報をデータベース化して，生徒が検索して各学校や企業の現状把握に役立てるなどの活用が進んでいる。

また，教師が必要なときに，生徒の成績などの個人情報を進路指導用ソフトで引き出して活用できるようなシステムを，学校全体として構築しているところもある。その場合も，プライバシーの保護には十分配慮することが必要である。

(1) 進学先の高校や大学の情報検索への活用

各学校の情報とともに，過去にその大学に入学した生徒の成績（学年順位，評定平均値）の情報が検索できる。

また，過去のその大学の入試問題や合格者の成績などの情報も検索し活用できる。必要に応じて，プライバシーの部分を除き，資料をコピーして活用できる。

(2) 就職先の企業の情報検索への活用

各企業の情報とともに，過去にその企業に入社した生徒の成績（学年順位，評定平均値）の情報が検索できる。また，過去のその会社の入社試験の問題や面接の情報なども検索できる。必要に応じて，プライバシーの部分を除いて，内容をコピーして活用できる。

❸ 教育情報管理の改善

　パソコンでの情報管理は，データの入力に時間がかかり，敬遠されがちであるが，一度データを入力しておけば，その情報を加工して多様に活用できるし，一部の修正により，次年度以降は容易に用途を拡大することができる。

(1) **文書管理への活用**

　学校では，日常的に外部からの多様な文書を受け取ったり，また校外に発信したりしている。これらの文書を適切に管理するために，パソコンのワープロソフトなどが活用できる。

　そのためには，各種文書を，通知文・通達文・研究資料などの受入れ文書と，報告書・届書・広報などの送付文書などに分類・体系化し，整理された文書が容易に検索できるようにすることが必要である。

(2) **年間計画への活用**

　学校では，あらゆる教育活動の年間計画表，月間・週間計画表，長期休業期間中の行事予定表といった多様な計画表が作成されている。これらについても，パソコンの表計算ソフトやワープロソフトなどを活用して文書管理することが有効である。

❹ 学校評価などへの活用

　学校評価は，学校が組織体として有効に機能しているかを評価項目にしたがって教師一人ひとりに評価させ，その評価を統計処理して資料化し，次年度の教育計画の改善・充実に役立てるために行うものである。

　すべての教師を対象とし，評価項目も多くなるので，パソコンを活用してわかりやすく分析処理することで，教師の共通理解を深めるのに役立てることができる。

❺ 図書館管理への活用

　一般に図書館での図書の整理は，書名・著者名・出版者名・判型・頁

数などと，その図書の受入れ年月日，登録番号などを図書原簿に登録して行う。

さらに，検索のために利用する書名や著者名のカード目録を作成する。

これらの業務は繁雑であり，パソコンを活用することにより，図書館の運営や管理業務を合理化することができる。

そのためには，図書館にあるすべての蔵書のデータベースを構築する必要がある。

さらに，活用する児童・生徒の入学年度・学年・学級・出席番号などに応じてコード番号を与え，このコード番号をバーコードであらわした個人カードを持たせて，図書の貸出し，返却などのときに活用する方法が一般的に利用されている。

パソコンの活用により，貸し出された図書の情報は記録されるので，必要により学年別・性別・月別などの貸出し状況を一覧表に出力させて，その後の図書館指導に活かすことができる。

また，蔵書点検は，図書原簿と蔵書1冊ごとに照合するために膨大な労力が必要であるが，パソコンの活用により全蔵書にバーコードをつけて，それを読み取らせて点検する方法が一般的である。

さらに，所在不明図書は，一覧表として簡単に出力し，点検できるようにしたい。

市販ソフトとしては，低学年の児童でも，バーコードやマウスを使って，簡単に本の貸出し，返却，検索が行えるものが発売されている。

また，各種統計資料の作成，貸出し期限の超過者一覧の作成，バーコード印刷，蔵書点検などの機能を備えたソフトもある。

さらに，LAN環境を備え，離れた場所から蔵書を検索することが可能なソフトもある。

一般に図書館管理のソフトでは，巨大なデータベースの検索や，映像や音声や文字によるコミュニケーションが可能となるものが望ましい。

また，最新の新蔵書情報など，図書館に対する児童・生徒の関心を高

める情報提供の手段として活用できるものがよい。

❻ タブレット型端末の普及

　タブレット型端末は，画面の大きさが約7〜10インチほどで，サイズ的にはスマートフォンとノートパソコンとの中間的な位置づけで，画面上を指のタッチ操作やペン型の端末を使って操作する。

　パソコン並みの環境でインターネット等を高速かつ手軽に利用でき，パソコンよりも起動が速く，軽量で，バッテリーも長持ちする。

　総務省の「通信利用動向調査」によると，2014年（平成26年）のタブレット利用率は増加しており，パソコンの利用率が年々減少するなか，「6〜12歳」が31％と最も高く，小学生の3人に1人がタブレットを使っているとしている。

　通信教育や授業に取り入れる学校・塾が増えており，パソコンより安価であり，かつ複雑なキーボード操作を必要とせず，軽量で手軽に使えるとの理由である。

　2017年度からは，文部科学省と民間が連携し，教職員が利用する「校務系システム」や児童・生徒も利用する「授業・学習系システム」の開発が進められており，「スマートスクール・プラットフォーム」として標準化され，全国の学校への普及が期待されている。

▌第3節　最新教育情報の収集と発信への活用▐

　世界中の多くのコンピュータを互いに接続したインターネットは，発足当時は学術機関や政府機関など一部の人たちの学術ネットワークであったが，現在では，世界中の人びとが，あらゆる情報を交換するコミュニケーションの場として活用が広がっている。

　日本のすべての学校でも，インターネットを導入し，新世紀にふさわしい，新しい教育のあり方が実践研究されてきている。

❶ インターネットへの接続

　インターネットを始めるには，世界中のパソコンと通信回線を使って接続する必要がある。日本では当初は光ケーブルの敷設が遅れ，2003年当時は電話回線を使って電話と同時利用する ADSL［Asymmetric Digital Subscriber Line］で 12Mbps の通信速度のサービスが，定額料金の常時接続として始まり，値段は会社によって異なるが 3〜5 千円台で運用されていた。2018 年現在，光ファイバーを使ったインターネット回線では，最大 200Mbps と高速で安定した接続が可能になっている。光ファイバーによる光通信は，情報の送信も，受信も，従来の ADSL よりも 20 倍以上の高速で受信・送信できるので，動画の閲覧や音楽のダウンロード，メールの受信はもちろん，メールを送信したり，自分のパソコンから写真や動画などのデータ送信なども安定したスピードで処理できる。1 カ月の定額利用料金は，マンションや戸建てにより異なるが，当初の光回線工事費には 1 万 8 千円くらいかかるが，使い放題での 1 カ月の定額料金はおよそ 4 千 5 百円くらいである。

　プロバイダに加入契約をすると，加入者専用のアドレスやパスワードが与えられる。インターネットを使うときには，必ず自分のパスワードの入力が求められ，その確認後に接続されるしくみになっている。

　現在発売されているパソコンは，各メーカーとも，インターネットの活用がすぐにできるように，ハードやソフトが付属されているので，インターネット接続の契約もパソコン上で簡単にできる。

❷ パソコンと通信回線の配線

　光通信を利用する場合には，従来の電話線に代えて，専門業者による光ケーブルを各家庭等に引き込む工事が必要となる。

　光ケーブルは，室内の光加入者線終端装置につながれ，ここからのインターネット回線は LAN ケーブルでパソコンに接続すればよい。

　使用契約すれば，光電話もこの終端装置から接続して使用でき，同様

にテレビも別の映像用回線終端装置により視聴できる。

プロバイダへの加入は，多くの場合，プリインストールされたソフトを立ち上げ，その指示にしたがえばすぐにでき，購入したその日からインターネットを楽しむことができる。

❸ 情報の送受信

インターネットでは，文字や音声，画像を送受信できるWWW［World Wide Web］を活用すれば，世界に向けて自分の情報を発信したり，世界各地の情報を収集することができる。

WWWの情報は，「ページ」という形で表示され，世界中［world wide］のインターネットにある「ページ」がクモの巣［web］のように結びついて，関連するページからページへとリンクしているので，次々と別のページを見ることができる。

WWWで提供される情報のページは，「Webページ」とよばれる。

また，インターネット上でWebページを閲覧するためには，ブラウザとよばれるソフトが必要である。なお，Webページのことを日本では「ホームページ」とよぶ習慣があるため，本書もその呼称に準拠するが，本来は，ブラウザを起動したときに最初に表示されるように設定したページをホームページという。

❹ ホームページの情報収集と発信

「Microsoft Edge」というブラウザを活用して，グーグルの検索エンジンで「実教出版」を検索し，そのホームページを表示させた画面を図2-3-1に示す。

ブラウザを使えば，世界中のWWWの情報を提供しているコンピュータから，http［hypertext transfer protocol］という一種の規約を使って必要な情報を受信することができる。

ホームページで何かを調べるときは，調べたい項目を入力し，大項目

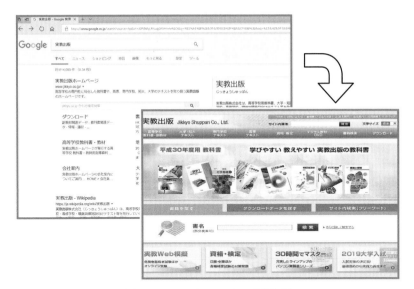

図2-3-1 ホームページ検索例

から小項目へと検索を狭めていけばよい。

また,自分のホームページを公開するためには,所属するプロバイダのWebサーバーに作成したホームページを送信して保存しておく。

こうしておくと,いつ世界中からアクセスがあっても,プロバイダのWebサーバーは常時動いているので,ホームページを24時間見せることができる。

登録されたホームページには,その所在地を示すURL〔Uniform Resource Locator〕がつけられており,これをもとによび出すことができる。

ホームページを作成するには,HTML〔Hyper Text Markup Language〕という特殊な言語を使う必要があるが,最近では,HTMLについて詳しく知らなくともホームページが作成できるソフトが多く市販されている。第3章 第4節で「ホームページ・ビルダー」というソフトを活用して作成する例を示した。

さらに，ホームページを魅力的にするために，専用ソフトやデジタルカメラなどを活用し，文字だけでなく，写真や動画や音声を貼りつけるとよい。

❺ 電子メールの送受信

インターネットに接続している人なら，メールアドレスを教えてもらえば，世界中のだれとでも迅速に**電子メール**の交換をすることができる。プロバイダに加入すると，加入者専用の電子メールアドレスが指定してもらえ，これが自分の住所に相当する。世界のどこからでもこのアドレスを送信先として指定すれば，メールの送受信ができる。

電子メールアドレスの例を次に示すが，ユーザー名と所属するネットワークの所在地で構成されている。

アドレス例＜ y-shozo@mtd.biglobe.ne.jp ＞

電子メールを送受信するにはソフトが必要であり，そのソフトを活用してプロバイダに接続すると，メールが届いていれば，自分のパソコンに取り込まれ，見ることができる。

メールを送るには，送信先のアドレスを指定して必要な文書を記入した後，送信ボタンをクリックすればプロバイダに接続し，相手に送られる。

文字情報なら，数秒もかからずに送信が完了する。

しかし，最近ではメールにパソコンのシステムやデータを壊してしまう悪質なウィルスを忍ばせて送りつけてくる例が多いので，怪しいメールは開かないで，消去した方が安全である。

また，ウィルスチェックをしてくれるソフトも出回っているので，必ず導入して自分のパソコンを防御する必要がある。

第4節　パソコン活用のモラルと著作権

　情報教育の進展にともない，多くのパソコンが学校に導入されるようになり，学校教育に新風を吹き込むきっかけになることが期待されるが，反面，活用のしかたを間違うと，マイナス効果も心配される。

　とくにインターネットなどの活用により多様な情報が入手できるようになると，その情報をそのままうのみにしたり，過度に情報に依存することが心配される。そこで，望ましい情報をいかに取捨選択して，教育指導の向上に活かせるかが重要となる。

　また，パソコンにより入手した情報に頼ることは，間接経験に依存しているということを十分に自覚し，実際の社会や人びととの直接的な触れ合いの場を教育活動に大いに取り入れるよう心がけることが，パソコン活用の前提条件となる。

❶ 情報活用のモラル

　インターネットの普及にともない，他人のパスワードを解読して他人名義で買い物をしたり架空の有料サイトの閲覧費用を負担させたりする行為や，コンピュータウィルスを自ら作り出すような悪質な行為もあとをたたない。

　情報化の進展した社会では，従来の社会規範に加えて新しいモラルが求められ，今後，そのための法的規制も整備されてくると思われるが，規制を待つまでもなく，お互いに人権侵害や権利侵害となるような活用のしかたは厳に慎むべきである。そのために，学校教育においては，発達段階に応じた情報モラルの育成が求められている。

　つまり，コンピュータの活用が広まるにつれて，個人情報が蓄積されるようになり，その活用のしかたによっては，だれでもが，被害者になると同時に加害者にもなりうることを自覚しておくことが必要である。

学校では，児童・生徒や教職員に関する個人情報を多く扱うが，そのデータ管理には特別の配慮が必要であり，校長の指示のもと，校内での管理体制を確立しておく必要がある。

また，データをハードディスクやUSBメモリで管理する場合，児童・生徒の活用時にデータが流出したり，目にふれるようなことのないようにする。とくに各先生方の校外の研究発表などの折に，児童・生徒が特定できるようなデータが流出することのないような配慮が求められる。

また，パソコンの活用にあたり，ソフトウェアの無断コピーなどは厳に慎む必要がある。これについては，次の著作権の項で述べる。

❷ 情報活用と著作権

著作権制度は，著作者の人格的・経済的利益を保護する制度で，「他人の著作物を利用するときは，著作権者の許諾を得てから利用する」ことが必要である。

コンピュータで活用されるソフトウェアもこの著作物であり，著作権法上ではプログラムとして規定され，「電子計算機を機能させて一つの結果を得ることができるように，これに対する指令を組み合わせたものとして表現したものをいう」と定義されている。

具体的には，OS，ワープロソフト，データベース作成ソフト，通信ソフト，ゲームソフトなど多様なものが含まれる。

なお，ソフトウェアの複製物（ソフトウェアの著作物が記録されているCD-ROMなど）を購入した場合は，複製物の所有権だけが譲渡されたということであり，所有者が著作権者となることはない。

したがって，**複製物**の所有者は，コンピュータを自分で使用するために必要と認められる限度内でそのソフトウェアの複製，**翻案**（既存の著作物をもとに，そこに新たな創作的行為を加えること）することは許されている。つまり，バックアップコピーの作成や自分のハードウェアに適合させるための改変は，許諾なしに行うことができる。

このことは，複製物の所有者のみに認められているものであり，レンタルなどを受けた者には適用されない。

教師が授業に活用するために学習用ソフトウェアを生徒数分，複製することは認められないので，注意したい。

つまり，個人的な活用とは，家庭内などに限られた範囲でのことであり，学校の会議用の資料として著作物を複製し，活用することは，私的使用の範囲には該当しないので注意する。

また，教師仲間の自作ソフトウェアでも，創作的に表現されたものであれば，著作物として保護されるので，複製活用にあたっては作成者の許諾を得るようにする。

ただし，学校の教材開発計画にもとづいて作成したものは，実際に作成した教師でなく，原則として当該学校が著作者となる。

最近では，書物の写真や図をイメージスキャナやデジタルカメラでソフトウェアに簡単に取り込めるようになっているが，その場合も含め，著作権法では複製にあたるので許諾が必要である。

しかし一方，著作権法では，学校その他の教育機関において，授業の過程で使用することを目的とする場合には，必要と認められる限度内で著作権者の許諾なしに複製できると定められている。

ただし，当該著作物の種類・用途ならびにその複製の部数および様態に照らし，著作権者の利益を不当に害する場合は許容されていないので注意する。

❸ 学校でのソフトの購入

学校でのソフトウェアの購入は，スクールセットやスクールパックで21本セット，41本セットなどとして，関係資料とともにパッケージとして廉価に提供されていることが多い。

パソコンのハードウェアはレンタルやリース契約で導入されているが，ソフトウェアはレンタル契約ではなく，"ソフトウェア提供契約"

で導入している場合が多い。また，ネットワークで共有して使用する場合は，これに対応した契約もあるので活用するとよい。

　一般的に，著作物の利用にあたっては，教育の場であるという安易な気持ちにならず，すべての教材の利用にあたっては，著作物の自由利用が認められているか否かを調べ，認められていない場合は，著作者の許諾を得て，適切に利用することが義務づけられていると判断すべきである。

第 *3* 章 パソコン活用と教材開発

　ここでは，パソコンを活用し教育活動を支援する教材開発の視点から，広く利用されているソフトの具体的な活用方法とそのためのパソコンの操作についてまとめた。パソコンの操作実習にも活用できるように配慮した。

▍第１節　公文書の作成 ▍

　学校で教員が職務として作成する文書は**起案文書**といい，**公文書**［official document］であり，すべての書類は校長の責任のもとに作成される。したがって教科担任として，また学級担任として保護者に通知を出す場合でも，校長の承認を受け，校長名で通知をする必要がある。

　教員が，校務として各種文書を作成する際には，それが公文書であるということを念頭に，過去に起案［draft］された文書などを参考にしたり，副校長や教頭や事務部の文書取扱主任の指導助言を受けて作成する。

　学校での文書の取り扱いおよび意思決定手続について，各都道府県の教育委員会では「**文書管理規程**」および「**事案決定規程**」などで基本的な公文書作成の関連事項を定めており，公文書の作成に用いる文の用語，用字，形式等については，同じく「公文書規程」等を参考にする。

　教員が文書を取り扱う事務においては，これらの規定にもとづき，適切な文書の作成や管理を行うとともに，わかりやすく正確な文書作成につとめる必要がある。

起案文書の表紙の概略図例

文書記号　第　号		保存年限		
文書取扱		施行上の注意	経過	処	施行	年月日
				決定	年月日
				施行予定	年月日
				起案	年月日
先方の文書　第　号			収受年月日	
宛先	発信者名　公印照合			
決定権者				
起案	起案者	審査	課長	主任	文書取扱
審議					
協議供覧					

○○○‥ここに，起案文書の内容を記入する‥‥
‥‥‥裏も，記入できるように白紙になっている‥‥

作成手順

＊送付文書を作成したら，事務の台帳にこの件名を記入し，文書番号を取得する。

＊文書取扱主任の点検を受け，印をもらい関係する主任および教頭の押印の後，校長の決定印をもらう。

＊この起案文書は事務部に提出して管理される。

起案文書例

様式例　海外修学旅行実施報告書
　　　　　　　　○○高第○○号
　　　　　　　　▽▽年▽月▽日
○○教育委員会
　教育長　殿
　　　　　　○立○高等学校長
　　　　　　○○　○○（公印）

　　　海外修学旅行実施報告書
1 実施期間及び目的地
 (1)実施期間　年月日(○)〜月日(○)
 (2)目的地　　○○○国○○市
2 修学旅行の目的・ねらい
　　○のため，○により，○することを
　　目的とする。
3 引率教員
　　管理職○名，担任○名，他○名　計○名
4 参加生徒数　　男子○名(在籍○名)
　　　　　　　　女子○名(在籍○名)
　　欠席生徒(男子○名女子○名)については
　　学校に登校させ，課題学習。
5 行程　　別添でも良い。(ここでは省略)
6 生徒の感想
 (1)現地校との交流について
　　　○○○○
 (2)班別自由見学について
　　　○○○○
7 総括
 (1)　活動報告
　　　○○○○
 (2)　今年度の課題と次年度に向けた改善
　　　○○○○

ここでいう「公文書」とは，教職員が職務上作成し，または取得した文書，図画，写真，フィルムおよび磁気ディスク等であり，事案決定手続またはこれに準ずる手続（供覧等）が終了し，学校で管理しているものをさす。とくに学校では，指導要録，事故報告書等の作成等にあたって，それらが個人情報の含まれる公文書であることに注意し，その作成，管理等を適正に行う必要がある。

❶ ワープロソフトの利用

一般に学校で利用されているワープロソフトとしては，「一太郎」や「ワード」があげられる。「フリーソフト」もあるが，学校では，校内のパソコンにインストールされているワープロソフトを活用する。

各学校で日常作成される文書は，公文書が主であり，書式が決まっているので，その書式をハードディスク等に記憶させておき，必要なときに必要な書式の文書を呼び出して利用すると作業効率がよい。

また，過去に作成した文書は，必ず記憶させて残しておき，過去の文書を活用し，変更する部分だけを修正して，新規の書類として活用することも有効である。この場合，過去の文書の日付や曜日の修正を忘れることがあるので，注意したい。

公文書でプライバシーに関わる文書の場合は，とくにその保管・管理に注意することが大切であり，パソコンやそのデータを共用する場合には，その活用ルールの徹底が重要となる。

パソコンを利用する各先生には，パスワードを与えて管理する。

❷ 便利な機能を活用する

ワープロソフトの便利な機能を以下に紹介する。

①各種文字や記号

ワープロソフトには，文字や記号などに，多様な字体や大きさが準備されている。普通の文章作成では，MS明朝10.5ポイントを標準として

活用する場合が多い。加えて,特殊な文字や記号も用意されているので,文章作成にあたっては,それらの機能を呼び出し,自由に選択して活用するとよい。よく使う特殊文字や記号は,自分専用の言葉で事前に単語登録して活用するとよい。

②ルビをつける

　特殊な名前や地名等の文字の上のふりがなを「ルビ」という。ルビをつける漢字をドラッグし,「ルビ」の入力画面を呼び出し,ふりがなを入力すればよい。

③置換の操作

　長文中にある,多くの「、」を「,」に変えたり,「高校」を「高等学校」に変える機能を置換という。

　置換対象の「文字列」に「高校」を入れ,「置換後の文字列」に「高等学校」を入れれば,文中の「高校」はすべて「高等学校」に変わる。

④数式作成ツールの活用

　複雑な数式や公式を入力する際は,ワープロソフトに数式作成用のツールが用意されているので活用するとよい。複雑な式をきれいに入力できる上,公式などはキーボード入力する手間を省くこともできる。

⑤パソコン上の表示画面を取り込む

　利用したい『画面』を,ディスプレイに表示させ,次にキーボードの次の2つのキー「Fn + PrtScr」(ファンクションキーとプリントスクリーンキー)を同時に押す。Windowsのアクセサリに附属している「ペイント」などの画像処理ソフトを立ち上げる。「ペイント」が立ち上がったら,「貼り付け」をクリックすれば,『ディスプレイの画面』が「ペイント」画面上に表示される。

　「ペイント」ソフト上に貼り付けた『画面』を,必要な大きさに変更したり必要な範囲をトリミング加工して,名称をつけて画像として記憶させる。

　画像はカラーであり,記憶容量が大きいから,必要に応じて,ソフ

トを活用して白黒画像に変換してから記憶させるとよい。

❸ 学習指導案の作成例

　ワープロソフトで,「表枠」や「枠罫線の利用」等の機能を活用した,学習指導案の作成例を示す。
　まず,全体の縦横の枠の数を決め,表を作成する。
　表枠の幅は自由にカーソル線を合わせ,ドラッグすれば伸縮できる。
　学習指導案［lesson plan］は,単元名・単元の目標・使用教材とその展開手法などが書かれている。とくに,授業参観日の公開授業のときなどでは,参観者にも授業の流れがわかりやすいように作成する。
　図3-1-1の指導案のように,授業の流れにそって,活用する図表を記入するとわかりやすい。
　また,評価する3観点の視点も記入するとよい。

第1学年　工業情報数理学習指導案

氏名

単　元	構造物と部材の設計
指導項目	材料の経済性
題材の設定理由	構造物の設計では、部材の安全性に加えて、ここでは経済性が重要となることを学ぶ。
本時の目標	一例としてU型側溝を取り上げ、U型側溝の各辺の総和が一定のときU型側溝に流す水を最大にするには、そのU型側溝の高さ（深さ）と幅をどのように決めたらよいか理解させる。
本時の学習形態	6班編成の班学習とする。生徒理解に基づき、リーダーとなりうる生徒を各班に配置した班構成とする。
準備する教具	幅5cm、長さ20cmのケント紙を各班3枚 30cmスケール　各班3本 例題のプリント、　授業評価問題プリント
事後指導	評価問題により理解度を調べ、間違った生徒に対しては、放課後または早朝、個別指導し理解させる。

指導過程	時間	指導項目	指導内容（学習活動）	指導上留意点
導　入	5分	1）前時の復習 2）本時のテーマ 材料の経済性	・構造物の安全性 ・構造物の設計では、部材の安全性はもとより、経済性も重要となることを学ぶ。	・班では、互いに学び合いながら、共同学習させる。
展　開	35分	1）実験からU型側溝等の断面積の最大値を求める 2）数式を利用して断面積の最大値を求める	・例として周囲の長さを一定とするU型側溝等の「溝」を板書し、そこに流せる水が最大にするには、高さ（深さ）と幅はどのようなし方にすればいいのか考えさせる。 ・どのように考えれば最大になるかケント紙を利用してグループ毎に生徒に考えさせる。図を板書する。 ・各班で長さ20cmの紙を、左右から0cm、1、2、3、4、5、6、7、8、9、10と折ったときの断面積（高さ×幅）を求め、表を作らせて代表者に発表させる。面積が最大になる関係に気づかせる。 | 高さ(深さ) | 0 | 1 | 2 | 3 | 4 | 5 | 6 | 7 | 8 | 9 | 10 | | 幅 | 20 | 18 | 16 | 14 | 12 | 10 | 8 | 6 | 4 | 2 | 0 | | 断面積 | 0 | 18 | 32 | 42 | 48 | 50 | 48 | 42 | 32 | 18 | 0 | ・横軸を高さ（深さ）、縦軸を断面積として、グラフを描く。 高さ5cmのときに断面積が最大の50cm²となることに気づかせる。表やグラフ化することの大切さを理解させる。 ・各班で高さを文字に置き換えて数式化することに気づかせ発表させる。 ・生徒の発表事例を活用して、数式を使って求める方法について考えさせる。 ・各辺の総和が20cmの場合について考える。 1）溝の深さをXと仮定すると、幅はいくつになるか考えさせる。 2）幅は（20－2X）であることを理解させる。 3）Xの取り得る範囲を理解させる。0＜X＜10 4）その断面積Yを数式に置き換える。 $Y = X(20-2X) = 20X - 2X^2 = -2X^2 + 20X$ Xの値を1から10まで数式に代入して、Yの値を表にして求め、グラフを描く。この表とグラフからYの最大値を求めさせる。 5）上式を変形して $Y = -2(X^2-10X) = -2(X^2-10X+25)+50$ 　 $= -2(X-5)^2+50 = 50-2(X-5)^2$ 断面積Yの最大値は X＝5のとき50cm²となることを理解させる。 6）断面積の最大値は、実験から求めた値と数式を利用して求めた値が同じであることを理解させる。	・用意した20cmケント紙を各班に配り、それを活用して考えさせる。 ・この折り方はしない。 ・机間巡視する。 断面積Y 50　　　　最大値 0　　5　　10　高さX 　　　　　　　（深さ）
まとめ	10分	1）学習の整理 2）授業評価 3）発展 4）次回授業解説	・例題プリントを配布し、解答させる。できた班から代表生徒を前に出させて解答させる。 ・工業事象を数式に置き換えることによって、たやすく事象の課題が解決できることを理解させる。 ・授業評価問題を解答させる。 ・将来学ぶ「微分」を利用することにより、簡単に同じ事象が解決できることにふれる。 ・部材に働く力と応力	・机間巡視する。 ・評価問題は実力で解答させる。 ・隣り同士で交換させ、採点させてから、集める。

図3-1-1　学習指導案の作成事例（B4立て形式）

第2節　成績一覧表の作成とデータのグラフ化

　成績処理を正確に能率よく行うには，表計算ソフトの活用は欠かせない。一部の都道府県の教員採用試験の情報機器の実技試験にも，成績処理の課題が取り上げられたこともある。
　ここでは代表的な表計算ソフトである「エクセル」の活用例を示す。

❶ エクセルによる成績表とグラフ作成

　図3-2-1に示すように，生徒氏名，各教科名と各教科ごとの合計・平均および個々の生徒の得点の合計・平均・順位は簡単に求められるので，活用したい。最適なグラフを選択し図化すると要点が見えてくる。

	A	B	C	D	E	F	G	H	I	J
1	出席番号	氏名	国語	数学	社会	理科	英語	合計	平均	順位
2	1	阿部	50	30	60	50	55	245	49	10
3	2	伊藤	60	60	35	60	60	275	55	8
4	3	植野	90	60	64	55	90	359	71.8	3
5	4	岡田	65	65	90	80	45	345	69	4
6	5	木下	45	70	65	45	35	260	52	9
7	6	工藤	80	60	35	90	70	335	67	5
8	7	長島	65	45	64	80	80	334	66.8	6
9	8	原	60	50	62	60	45	277	55.4	7
10	9	宮田	80	90	90	80	50	390	78	1
11	10	矢野	90	60	80	70	60	360	72	2
12		合計	685	590	645	670	590	3180	636	
13		平均	68.5	59	64.5	67	59	318	63.6	

図3-2-1　教科別得点表とその棒グラフ

第3節　プレゼンテーションの手法

　一般に多人数を対象にした口頭でのコミュニケーションを効果的に行うために，視覚に訴えるメディアをプレゼンテーションメディア[presentation media]とよぶ。

　教育におけるプレゼンテーションは，教師と児童・生徒，児童・生徒同士のコミュニケーションをより正確に行うための行為である。

　プレゼンテーションの実施にあたっては，活用する場面により適切なメディアを選択する必要がある。

　そこで，教師はもちろん一般社会人にとっても，社会生活において自分の意思や考え方を相手に正確に伝える一つの手段として，プレゼンテーション手法を身につけておくことは大変有意義である。パソコンを活用した手法について述べる。

図3-3-1　総合実践演習の研究発表例

❶ プレゼンテーションのしかた

　研究発表する内容がどんなに優れていても，プレゼンテーションのしかたがよくないために，聴衆に理解してもらえなかったり，間違えてとらえられたりすることもある。

そこで，プレゼンテーションにあたっては，要領よくポイントをおさえ，視聴覚機器等を活用して，わかりやすい説明を心がける必要がある。

とくに最近では，パソコンでプレゼンテーション用のソフトを活用する事例も多く，その手法を身につけることは大変有効である。

①プレゼンテーションの流れ

一般に発表会では，一人の発表時間は15分から20分ぐらいであり，その発表時間の流れに合わせて，a）導入　b）展開　c）まとめ　に分けて，シナリオの流れを決める。

a）導入　発表する内容について，「なぜ」このテーマを取り上げたのかという理由を明確に提示し，発表内容に興味・関心を持たせる。

そのためには，いきなり本論の話を始めるのではなく，まず研究の目的，発表する内容の概要等をフローチャートで提示したりして，聞き手の関心を高める工夫が重要である。

また，発表内容を直観的に理解してもらうために，導入段階で実物・モデルをビデオで提示したり，あるいは研究で得られた成果を最初に述べることも一つの方法である。

b）展開　ここでは，研究内容の要点と道筋をしっかり立て，よくわかるように説明する。自分の研究のすべてを話そうとすると，時間がたりなくなるので，数点だけ特徴的なことや失敗談などをまじえて話すとよい。一般的には，聞き手に対応して話の組み立てに配慮する必要がある。聞き手としては，仲間の学生対象の発表会，先輩や後輩がいる場合，保護者や企業の人などが含まれている場合などが想定され，それぞれの状況に応じて相手の心に響くような話し方をするように心がける。

なお，説明にあたっては，各種メディアを組み合わせて有効に活用するとよい。

c）まとめ　研究等の結果について，データや成果物を具体的に提示して，結論を述べる。さらに，残された今後の課題についても発表する必要がある。この場合，結論と課題を対比させた表などを提示して解説す

るとよい。

②シナリオ作成の方法

　B6程度の大きさの紙カードをたくさん用意し，カード1枚に「導入・展開・まとめ」の要点を思いつくままに1項目ずつ記入し，これを発表の流れにそって並べる。

　並べたカードを見ながら再検討し，順序を入れ替えたり，補充したりカットしたりして，全体として発表の流れを見直し，シナリオとしてつくり上げる。

　別の方法としては，はじめから全体の構成を考え，フローチャートの形式で列記しながらシナリオとして仕上げることもできる。

　また，パソコンのプレゼンテーションソフトを活用して，直接パソコンの画面に向かいながら系統立てて，シナリオを作成することもできる。

③提示用の図表原案の作成

　シナリオにもとづき，説明の流れの要所で提示する図や表の概略図をつくる。B5程度の紙に，必要と思う説明図，機器や装置図，データ表やグラフなどのスケッチ図を描き，シナリオにしたがって並べて，順序を入れ替えたり補充したりして原案をつくる。

　実験・実習の過程の画像やデータは，日頃からできるだけデジタルカメラやビデオカメラで記録として残すようにする。デジタルカメラやビデオカメラでは，多くの場面を撮っておくと，後で編集によって不必要な画像は消去できるので，便利である。

　研究過程での記録があれば，プレゼンテーションに必要な画像などを再度撮り直したりする必要も生じない。

④発表用図表等の資料準備

　発表に活用する図表等の原案にもとづいて，その作成を行う。

　作成した画像や表などのデータは，パソコンに取り込んで保存すると同時に，配布資料（印刷物）への掲載が必要なときは，その作成も行う。

⑤**模擬のプレゼンテーションと全体の点検**

　時間を計測しながら，シナリオにしたがって原案の図表等も使いながら，実際に声を出して発表練習を行い，全体の流れを点検する。

　とくに時間内に収まらないときは，重要でない部分は思い切って削除する。また，不足している図表や写真などに気づけば準備し，追加する。

⑥**本番前の練習**

　完成したシナリオや図表を使いながら，本番同様に発表練習を行う。その場合，他人に見てもらい批評してもらうとよい。発表時間や話し方，資料の提示などに問題がないか検討する。

　なお，共同発表の場合は，事前の分担どおり進行できたかなど，お互いに意見を出し合いながら修正する。共同発表では，研究成果とともにお互いの協力体制が発表のよしあしにつながるので配慮する。

⑦**話し方**

　大きい会場ではマイクを使うが，一般に，声は大きめで，はっきりと聞き取れるように，できるだけゆっくりと話す。だれでも緊張すると自然と早口で話すようになるので，自分ではゆっくり過ぎると感じるぐらいで話すとよい。

　演壇では，できるだけ下は向かず，視線は1カ所に留めるのでなく，少しずつ移動させ聴衆全体に視線を向けるように配慮し，会場の真ん中あたりの人々に話しかけるようにするとよい。

　また，緊張せずゆったりとした姿勢で，顔の表情や体や手の動きを使って言葉の表現を補強するなど，適当な身振りは聴衆の視線を引きつけることができる。

⑧**機器等の活用**

　発表時に活用する主な機器には，VTR，パソコン，プロジェクタなどがある。それぞれの機器の特徴を活かし活用する。

a）VTR　研究の経過や実験実習のようすや成果などをビデオカメラで記録し，それを映像として提示できるので説得力がある。過去の状況

が動画や音声を通して示せるが，発表時間は限られているため，むだな映像や音声はカットし，発表用に編集して活用する必要がある。

b）パソコン　パソコンでプレゼンテーションソフトを活用するときは，前述したように発表のフローチャートにしたがって必要な画面を作成し，USBメモリなどに記憶しておけば，プロジェクタをとおして拡大表示させながら発表することができる。

　パソコン活用により，文字の提示に動きが与えられたり，デジタルカメラの画像やVTR画面を取り込んで，音声や動画や写真などを使い，わかりやすく説明できる。またプレゼンテーションソフトで作成した画面を，プリンタで印刷して配布資料とすることもできるので，多方面の活用も可能である。

c）指示棒とレーザーポインタ　指示棒は画面の説明にあたり，話の大切なところで画面上の場所をさし示し，聞き手の関心を集中させるのに役立てる。

　その場合，指示棒の長さに配慮し，自分の体で画面をふさぐことのないように注意する。指示棒の代わりに，赤の光を画面に当てる，レーザーポインタが使われることも多い。

⑨ 質疑応答

　一般にプレゼンテーションの後，質問等に答える時間が設けられる。司会者の指示にしたがい，質問があれば誠意をもって回答する。その場合，自分なりに相手の質問内容の要点をメモ用紙に記入し，それを復唱しながら回答するとよい。復唱により，質問の確認ができ，かつその回答を考える「間」をとることができる。

⑩ 発表時の配布資料

　事前に発表内容の要点をまとめた資料を作成し，参加者に配布する。

　発表時には，必要に応じて，資料の何ページに掲載している内容を説明しているかを話し，注意を喚起するとよい。

　とくに，大きい会場での発表では，後ろの席に着席した人は，提示画

面が見にくいので，重要な表やグラフなどは配布資料に記載し，発表時に活用する。プレゼンテーションソフトを活用すれば，作成画面をプリンタで印刷して，資料として活用できる。

❷ プレゼンテーションソフトの活用

プレゼンテーションの手法で述べた「導入・展開・まとめ」のシナリオの流れにそって，プレゼンテーションソフト「パワーポイント」を活用し，資料を作成する例を以下に示す。

①**スライドの新規作成**

作成する目的にしたがって，所定の枚数のスライド（一枚一枚の画面）に，何をどんな順序で書くかを決めたシナリオをあらかじめ準備して制作を始めるとよい。

a）新しいプレゼンテーションの作成の画面を選択する。多様な「スライドのレイアウト」画面が表示されるので，最初は「タイトルスライド」を選択し，表題と，サブタイトルを入力する。

b）2枚目のスライドからは，事前に準備したシナリオにしたがい，「レイアウト」画面から，文字だけのスライドか，表・図・グラフを入れるスライドかなどにより，それに適したレイアウトのスライドを選択し，必要な文字や図を挿入する。使用する文字の大きさや色などは，個別に指定できる。なお，あまり多色にするとかえって見にくくなるので注意する。

c）スライドの背景色は，文字の色との対比を考えて，最適な配色を選択する。例えば，黒の文字が多い場合は背景はうすい配色がよいし，背景を濃い紺色などにした場合は，文字色を白色にしたりして，見やすい配色となるよう配慮する。

背景は，全スライドを同じ背景にすることも，スライドごとに背景を変えることもできる。

d）全スライドが完成したら「スライド一覧表示」機能を使って一覧表

示させる。スライドの順序がシナリオの流れにそっているかを確認したり，全体の流れはこれでよいかなどを推敲したりする。修正する場合は，スライドの挿入・削除・移動・コピーなどの操作を行うことができる。

②スライドショーの準備と実行

a）でき上がったスライドの誤字や脱字がないか，文章の表現は適切かなどをチェックする。また，文字の大きさ，色づかい，アニメーションの機能などが有効かつ適切かなどを確認する。

b）作成したスライドを配布資料として印刷したいときは，印刷画面から枚数等を指定して印刷する。

c）パソコンの画面出力端子と液晶プロジェクタのコンピュータ入力端子をケーブルでつなぐ。

　この場合，先に液晶プロジェクタ電源を入れてから，パソコンの電源を入れる。逆にするとパソコンが液晶プロジェクタを認識できないことがある。

d）パソコン画面が，液晶プロジェクタからスクリーンに投映され，スライドショーボタンを押すと，スライドショーが始まる。

　マウスをクリックするたびに，スライドが切り替わる。

e）スライドを前に戻したいときや，スライドショーを途中で終了したいときは，マウスの右ボタンをクリックすると，次の動作の指示が示されるので，必要な動作を選択すればよい。

第4節　ホームページ作成とその注意点

　インターネットの普及により，個人や企業・官庁・学校などでは，情報公開の一つの手段としてホームページが利用されている。

　公開されたホームページを見るには，「Microsoft Edge」などのブラウザソフトを使う。

　ホームページは，**HTML**［Hyper Text Markup Language］という

言語で作成するが，ここではジャストシステムのホームページ・ビルダー（クラシック標準モード）という市販ソフトの活用例を紹介する。
　HTML言語を知らなくとも，ワープロソフトを活用する感覚で簡単にホームページを作成することができる。

❶ 学校紹介のホームページの制作

　ここでは，学校紹介のホームページの作成方法を紹介する。

①高等学校の学校紹介を想定する。
　トップページには，学校の写真，連絡先（所在地・電話番号）などの基本情報を示す。さらに，「学校の沿革」・「学科の紹介」・「進路紹介」などの，詳細に案内したい項目のボタンを作成し，ボタンをクリックすると，それぞれの詳細な解説ページが開く構成とする（図3-4-1参照）。
②ホームページの作成では，見てくれる人の利用環境に配慮することも重要である。
　ページ内の文字の書体や色は，自由に選択することができるが，
　　・コンピュータの機種に依存する文字は使わない
　　・特殊なフォントは使わない
などを守らないと，見てくれる人のパソコンの機種によっては，正常に表示されない場合もあるので，注意する。
③写真等を活用する場合は，デジタルカメラなどで撮影したものをページに貼りつける。一般に写真・動画はファイルサイズが大きく，そのままのサイズでホームページに使い，プロバイダのサーバーに転送すると，見る人にとっては，ページを開く際に時間がかかるため，見やすさに配慮し，適宜サイズダウンするとよい。

図3-4-1 ホームページ（トップページ）の画面構成例

④「ホームページ・ビルダー」を使い，インターネットで公開するホームページを作成する手順の概略を次に示す。

a）トップページを作成する。

　トップページに，学校の写真や基本情報を入力する。

　ホームページの作成では，文字の書体・大きさ・色彩などは，見やすさに配慮して設定する。

　トップページの「学校の沿革」，「学科の紹介」，「進路紹介」などの標記は，「ボタン」上に「飾り文字」にして目立たせ，このボタンを押すと解説の各ページが開くようにリンクされていることを示す。

　このホームページをまとめて管理するサイト（フォルダ）には「myschool」などの名前をつけ，関連するすべてのページを格納させる。

b）「学校の沿革」「学科の紹介」などの各項目の詳細なページを作成し，「enkaku」，「gakuka」などのようにファイル名を英数字等の半角の文字で表記して，上記サイトに記憶させる。

c）トップページで「学校の沿革」等のボタンをクリックしたら，上記b）で作成した各詳細ページにジャンプするようリンクを作成する。

同様に，各詳細ページからトップページに戻れるようリンクを設定する。

d）トップページから詳細なページに正確にリンクが貼られているか確認・点検する。トップページ画面で，「プレビュー」タブを押して，プレビュー・モードにする。各項目のボタンをクリックし，それぞれのページが開き，また逆にリンク先からトップページに戻るかを点検し，必要があれば修正する。

e）すべてのページに，不適切な内容表現がないか，また構成や文章に誤字・脱字がないかを最終点検する。

f）作成したホームページのサイトのデータを契約しているプロバイダのサーバーに転送することにより，公開される。

❷ ホームページ公開上の注意点

インターネットに接続して，今回作成したホームページを他人に見てもらうためには，プロバイダと契約して，作成したデータをプロバイダのコンピュータ（Webサーバー）に送付して管理してもらう必要がある。

学校の紹介やクラスの紹介のホームページを作成して，公開するときは，各教育委員会の情報公開の規定に抵触していないことや個人のプライバシーに関する内容について記載していないことを確認する。著作権や肖像権にはとくに注意が必要である。

児童・生徒が了解したからとしても不十分で，その保護者の了解をもらう必要がある。児童・生徒の写真などを活用する場合は，個人が特定できない角度から撮影したものを活用するなどの配慮が必要である。

第5節　発展的なソフトの活用

　ここでは，文章をマイクから音声入力して文字化する事例と，英文の翻訳ソフトを活用する事例を示す。

❶ 音声入力による文章作成

　従来は，入力装置としてキーボードが主流であり，そのため，キー配列を覚えていない初心者には活用しにくいという欠点があった。
　音声によりパソコンが操作でき，文字入力もできれば，初心者にも大変使いやすいし，目や手に障害のある人たちにもパソコンが有効な手段となる。
　しかし，日常会話のように，人間が意識せずに行っている音声認識をコンピュータにさせようとすると，発声の個人差，冗長や省略など，文法どおりでない会話が多いので，その内容把握は大変むずかしい。
　最近では，人工知能の応用などの研究により，音声の認識率は向上しており，話す人を特定していれば，96％の認識率が可能である。
　音声入力をするためのソフトでは，活用に先立って，画面に提示される短文を読ませることによって，活用する人の声の特質をパソコンに記憶させる。その後は，使い込むことにより，認識の間違いを修正しながら音声認識率を向上させていく。
　このことは，ちょうど，ワープロソフトで新単語を登録して自分専用の機能を高めるのに類似している。
　この音声認識ソフトでは，文章入力時だけでなく，操作上の命令にあたる「音声入力開始」，「ここで改行」，「新しい段落」，「音声入力終了」など，ソフトの操作の指示も音声で行うことができ，ウィンドウズ対応のソフトなら，ほとんどの操作を音声で行えるように機能が向上している。

① Windows10に添付されている音声入力機能

Windows 10に添付されている「コルタナ」[Cortana]というソフトは，デジタルエージェント（代理人）の機能を有し，各種パソコン上の作業を進める手助けをしてくれるソフトである。

「コルタナ」を起動させるにはタスクバーの検索ボックスをクリックする。初期設定では，「コルタナ」に使用者の氏名等の設定をする。

発音は，コンピュータが認識しやすいように，はっきり発音し，ゆっくりと話す必要がある。

音声入力により各種作業をさせたい場合は，マイクをパソコンに接続してから，コルタナの画面上のマイクの絵をクリックして動作させ，希望する操作などを話せば対応してくれる。

図3-5-1は，「コルタナ」の操作画面の「アプリ」から「音声認識」を起動させ，文章を音声入力した事例である。

ワードなどの対応したアプリケーションを起動させ，必要な操作も音声で対応できる。

具体的には，音声認識機能に対応した音声入力コマンドが用意されており，その音声入力コマンドと入力したい文字列をマイクに向かって話すことで文章作成が行える。

図3-5-1　音声入力の事例

❷ 翻訳ソフトの活用法

　パソコンを活用した，英→日，日→英の翻訳ソフトも広く普及してきた。従来は，書籍などの辞書を頼りに処理していたが，パソコンソフトの各種辞書機能も強化され，翻訳機能の合理化に役立っている。また，多言語に対応したソフトも普及している。

　インターネットの普及で，じかに外国人とコミュニケーションをとる場面も多くなり，会話力とともに，翻訳ソフトの活用を身につけることが必要である。

　翻訳ソフトによる翻訳は，あくまでも機械による翻訳であり，自動的には日常的な表現に訳せないが，全体内容の把握には現状のソフトの能力でもとくに支障はない。

　ただし，日→英の翻訳では，日本語に多く見られる主語の省略などをしないで英訳しやすい日本文を作成する必要があったり，翻訳された英文の表現で正しく原文の日本語の意味を伝えられているかどうかの判断が要求されたりするので，翻訳結果をそのまま活用するには不安が残る。そこで，翻訳された英文を，専門家に添削してもらうとよい。

①無料翻訳ソフトの例

　無料翻訳ソフトの一例として，エキサイト翻訳（https://www.excite.co.jp/world）を紹介する。エキサイト翻訳は，論文，仕様書，説明書，ビジネス文書などの翻訳サイトである。専門性の高い文章を得意とし，英語翻訳では，理学，工学，農林水産，社会学，人文学，芸術，スポーツ，生活などの翻訳ができると紹介されている。

　英語以外にも，中国語・フランス語など多数の言語に対応している。

図3-5-2　無料翻訳ソフトの事例

②**有料翻訳ソフトの例**

　英日・日英翻訳ソフト「ATLAS」は，英日143万語，日英143万語を基本辞書に収録し，高価であるが，翻訳精度が非常に高いソフトである。

　製造業・IT・ビジネス・医学等のさまざまな分野（28分野，557万語（英日281万語・日英276万語））の専門用語辞書を追加購入すれば，専門性の高い文章も翻訳することもできるため，専門家の論文作成等に活用されている。

　さらにこのソフトは，スペルチェック機能を持ち，脱字等が修正でき，かつ翻訳された言葉を再度別の単語に置き換える機能もある。

　また，論文，手紙，メール，契約書など，文書の種類により，翻訳環境の設定もできる。

❸ 翻訳スマホアプリの活用

　スマホに対応した翻訳アプリも多数開発されている。ここではNTT docomoが提供する「はなして翻訳」を紹介する。

　スマホを通じて，話した言葉をお互いの母国語に翻訳できるアプリ「はなして翻訳」では，海外旅行時のコミュニケーションや国内での訪

日外国人とのコミュニケーションにも役立つように，向かい合っての会話でも利用できる。つまりスマホが1台あれば，交互にボタンを押して話すことで，母国語でコミュニケーションをとることができる。離れた相手との電話でのコミュニケーションは，「はなして翻訳」で電話をすれば，ボタンを押して話すことで，お互いの言葉に続き翻訳された言葉で表現される。外国語のメニューや，看板・新聞・本などを撮影すると，写真内の文字を認識して翻訳できる。外国語で届いたメールも翻訳でき，また「はなして翻訳」で翻訳した文章をメールに利用することもできる。翻訳機能や対応言語は，機種等により異なる。

❹ コンピュータによる情報処理のしくみ

　人間は，無意識のうちに情報を処理して，自分の行動を決め，実行している。この情報処理をパソコンで行わせるには，情報を電気信号に変換して処理する必要がある。

　コンピュータは，すべての情報を1と0の**デジタル信号**に対応させて処理している。例えば，コンピュータに温度や明るさの情報を電気信号として入力するためには，まず，サーミスタやLED（発光ダイオード）などのセンサを活用してアナログ信号に変換し，この信号を再度AD変換器でデジタル信号に変換してコンピュータに入力し，処理している。

● 情報量とビット

　電球1個では，「点灯＝1」の状態と「消灯＝0」の状態があり，2通りの情報をあらわすことができるので，1ビットの情報量という。

　電球2個の場合は2ビットで，4通りの情報をあらわせる。

　つまり，nビットの情報量は2^nとなる。

　　　　　8ビット＝256通り　　16ビット＝65,536通り

　　　　　32ビット＝4,294,967,295通り

　コンピュータは，開発当初は8ビットであったが，現在は32または64ビットであり，32ビットでは約43億の情報量をあらわせるが，世界

的に見て今後の情報化の進展に対応するためには IP アドレス不足が確実で，128 ビット（2^{128} 通り）のアドレスのコンピュータの登場が待たれる。

●10 進数と 2 進数

コンピュータで計算させる場合，0 と 1 の **2 進数**を活用する。われわれが日常使っている 10 進数は，0，1，2，…………8，9 の 10 個の数値を使っているが，この 10 通りの数値に電気信号として 0 = 0 ボルト，1 = 1 ボルト，2 = 2 ボルト…………9 = 9 ボルトを対応させたとすると，計算をするために回路の中を流れているうちに電圧が降下して，数値の判別ができなくなり，間違いが発生する。しかし，0 と 1 の 2 通りなら，電圧が降下しても電圧があれば 1 と判別できるので有利である。

2 進数は，人間にとっては簡単な数値計算でも処理に時間がかかるが，コンピュータでは，桁数が多くなっても高速で処理できるので，単純な 0 と 1 の方が，正確かつ速く情報を処理できる。

```
      5            1 0 1            6           1 1 0
  +   7        +   1 1 1        +  1 3      +   1 1 0 1
  ─────        ──────────        ─────      ──────────
    1 2          1 1 0 0           1 9        1 0 0 1 1

  10 進数   →    2 進数          10 進数  →    2 進数
```

●簡単な論理回路

コンピュータの内部で，四則計算などの情報処理を行う回路が論理回路であり，代表的な回路を模式図で示した。

① OR 回路（和の回路）

入力を A と B とし，出力を F とすると，F = A + B の論理和としてあらわせる。(0 + 0 = 0，1 + 0 = 1，0 + 1 = 1，1 + 1 = 1)

② AND 回路（積の回路）

入力を A と B とし，出力を F とすると，F = A × B の論理積としてあらわせる。(0 × 0 = 0，1 × 0 = 0，0 × 1 = 0，1 × 1 = 1)

③NOT回路（否定回路）

　入力 A = 0 のとき，出力 F = 1 となり，入力 A = 1 のとき，出力 F = 0 となるので，否定回路という。

　コンピュータはこのような論理回路を組み合わせて，計算処理している。

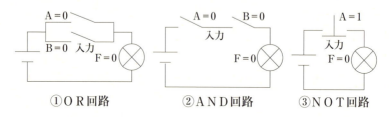

①OR回路　　　②AND回路　　　③NOT回路

参考資料

現代学校教育大事典	奥田ほか	1999	ぎょうせい
学校教育辞典	東　ほか	1998	教育出版
教育学基礎資料	新井ほか	1997	樹村房
現代教育学事典	青木ほか	1988	労働旬報社
現代教育評価辞典	東　ほか	1996	金子書房
教育小辞典	平原ほか	1998	学陽書房
教育工学事典	日本教育工学会	2000	実教出版
よい授業の条件	井上ほか	1975	明治図書
教育の方法・技術を学ぶ	浅見ほか	1998	福村出版
新教職論	教職課程研究会	2001	実教出版
指導細案の作成と実例	授業技法研究会	1982	学習研究社
学習心理学	坂元ほか	1977	新曜社
新教育原理	西脇ほか	1969	協同出版
教材の構造化	井上弘	1969	明治図書
学校教育の役割と課題	菱村ほか	1998	学校図書
教職教養	協同教育研究会	1988	協同出版
教育原理	教員試験情研	2000	一ツ橋書店
全訂 教師ハンドブック	熱海ほか	1990	ぎょうせい
メディア教育を拓く	坂元ほか	1990	ぎょうせい
教員採用試験参考書	東京アカデミー	2002	七賢出版
教育重要用語基礎知識	実践経営研	1983	明治図書
教職 教育の方法	小林一也	1995	実教出版
教育学全集	海後ほか	1969	小学館
学校現場のパソコン活用法	山下ほか	1997	理工学社
新工業技術教育法	山下ほか	1995	パワー社
小・中・高学習指導要領	文部科学省	1998, 2017, 2018	
教育指標の国際比較	文部科学省	1997, 2018	
反転授業	山内ほか	2014	オデッセイコミュニケーションズ

ICT利活用方策に関する調査研究			
	KK富士通総研	2015	
学習指導要領等の改善及び必要な施策			
	中央教育審議会	2015	
情報通信白書	総務省	2015	
発達障害	岩波明	2017	文藝春秋
教育小六法		2017,2018	学陽書房

索　引

[あ]
IPv4	109
IT 国家	108
赤い鳥	29
赤井米吉	29
新しい学校制度	29
アメリカの教育使節団	30

[い]
e ラーニング	130
e ラーニングの特徴	130
生きる力	11
一太郎	161
一斉学習	55
一斉指導	55
一斉指導の改善	141

[う]
ウィネトカ・プラン	26
ウォシュバーン	26
梅根悟	30
ヴァージニア・プラン	27

[え]
ADHD	11
AI 機能	146
HTML	172
LD	11
LL 教室	120
NHK の学校放送	123
衛星放送	125
エドテック	134
エビングハウス	50
エミール	24
遠隔学習	130

[お]
オースベル	57
オズボーン	62
落ちこぼれ	19
オープンスクール	61
オペラント条件づけ	41
オンリーワン	55

[か]
カウンセリングマインド	90
仮説実験授業	58
家庭教育	10
家庭向けの学習端末	129
下等小学校	28
カリキュラム・マネジメント	94
観察学習	49
完全習得学習	57
簡単な論理回路	181
観点別学習状況の評価	21
概念学習	45
外発的動機づけ	45
学習管理システム	133
学習指導案	82

学習指導の個別化	55		教育工学	70
学習の構え	47		教育勅語	28
学習のスタイル	48		教育の現代化	53
学習のツール	136		教育の情報化	102
学習の転移	46		教育方法	10
学習の分類	44		教育メディア	71
学制発布	28		教育目標の設定	36
学力	17		教育を変える17の提案	15
学力の質的向上	21		教科カリキュラム	32
学歴偏重	13		教科指導	72
学級崩壊	16		教科書	77
学校教育	12		教科「情報」	103
ガニェ	44		教材機能別分類表	79
[き]			教材研究	82
起案文書	159		教材整備指針	79
記憶	50		キルパトリック	26
機器等の活用	169		キレル	11
記号学習説	43		[く]	
木下竹次	29		クラウダー	61
教育改革国民会議報告	15		グラフィックス機能の活用	138
教育課程	30		グループ指導の改善	141
教育課程と指導計画	38		[け]	
教育課程の基準	31		経験カリキュラム	33
教育課程の評価と改善	37		形式陶冶	46
教育課程の類型	32		計測・通信機能の活用	138
教育課程編成の配慮事項	37		系統学習	53
教育基本法	12		ケーラー	42
教育業務の改善	111		検索機能の活用	137
教育クラウド・プラットフォーム			言語的連合学習	45
	127		原理学習	45

[こ]

コア・カリキュラム	34
効果の法則	42
高等学校進学率	14
高度情報通信社会	100
公文書	159
黒板	112
個人内評価	22
国家主義教育	28
こねっと・プラン	127
個別指導の改善	142
コメニウス	23
合科教授法	29

[さ]

3観点別評価	22
斎藤喜博	30
澤柳政太郎	29

[し]

CAI	138
CMI	139
GHQ	30
叱り方	93
刺激反応学習	44
思考	51
試行錯誤説	42
視聴覚教育	68
視聴覚教室	68
指導計画	38
指導計画作成への活用	146
指導内容の組織化	36
シナリオ作成の方法	168
島小の教育	30
シミュレーション機能の活用	137
習熟度別指導	14
集中法	48
主体的学習	56
生涯学習社会	14
生涯学習の理念	12
信号学習	44
時間割作成への活用	146
実質陶冶	46
自由学園	29
自由主義教育運動	29
授業時数の配当	36
情報量とビット	180
人工衛星	30
人工知能	146
尋常小学校	28

[す]

数式作成ツール	162
スキナー	41
スクリーン	116
スクールセット	157
鈴木三重吉	29
スマイル学習	128
スライドショー	172

[せ]

生活指導	89
生活綴り方運動	29
成城小学校	29

◯◯指導	89
全体学習法	47

[そ]

総合的な学習（探究）の時間	94
相互評価	22
創造的思考	51
ソクラテス	23
ソーンダイク	42

[た]

WWW	152
多重弁別学習	45
探究的な学習	94
大教授学	23
代理強化	49

[ち]

置換の操作	162
チャーターズ	70

[つ]

ツィラー	25
通信衛星	125

[て]

ティーチング・マシン	59
提示用教材	139
手塚岸衛	29
ディベート	64
デジタル信号	180
データベース	139
デューイ	26, 52
電子黒板	113
電子メール	154

[と]

統合的なカリキュラム	33
陶冶	46
トライネットスクール	132
トールマン	43
動機づけ	45
洞察	42
ドリル学習	139
ドルトン・プラン	27

[な]

内発的動機づけ	45
ナンバーワン	55

[に]

2進数	181
日本の放送大学	125
人間関係づくり	91
認知説	40

[ね]

ネーションズ	49
年間指導計画	82

[の]

望ましい学力	18
望ましい授業	74

[は]

8大教育主張	29
発見学習	53
羽仁もと子	29
ハーロウ	47
反転授業	128
範例学習	54

反論	65	**[へ]**		
バズ学習	62	ヘルバルト		24
バズ・セッション	62	弁別学習		47
バーチャル	16	ペスタロッチ		23
場の理論	44	**[ほ]**		
板書のしかた	112	放送衛星		125
バンデューラ	49	補助教材		78
パーカスト	27	ホームページ		152
パブロフの条件反射説	41	翻案		156
[ひ]		翻訳スマホアプリの活用		179
光通信	151	忘却		50
評価規準	21	ボランティア活動		95
評価の観点	21	**[ま]**		
ビット	180	マスタリー・ラーニング		57
ビデオカメラ	118	**[み]**		
ビデオによる教材作成	119	明星学園		29
[ふ]		**[む]**		
複製物	156	無意味綴り		50
フリースクール	61	無着成恭		30
フレーベル	24	無料の通信大学講座		134
フローチャート	168	無料翻訳ソフトの例		178
部分学習法	48	**[も]**		
ブルーナー	53	モデリング		49
ブレインストーミング	51, 62	問題解決学習		45, 52
ブロードバンド	101	**[や]**		
分散法	48	山びこ学校		30
文書管理規程	159	**[ゆ]**		
プログラム学習	59	有意味受容学習		56
プロジェクト・メソッド	26	有料翻訳ソフトの例		179
プロバイダ	151			

4 観点別評価 22
[ら]
ライン 25
[る]
ルソー 23
ルビをつける 162
[れ]
レヴィン 44
連合説 40
連鎖学習 45
[わ]
ワード 161
ワープロソフトの活用 137

教職必修　教育の方法と技術　改訂版

2003年4月15日　初版第1刷発行
2018年10月30日　改訂第1刷発行

編著者　教職課程研究会
発行者　戸　塚　雄　弐
印　刷
製　本　壮光舎印刷株式会社
発行所　実教出版株式会社
　〒102-8377 東京都千代田区五番町5
　　電話〈営　　業〉(03) 3238-7765
　　　　〈企画開発〉(03) 3238-7751
　　　　〈総　　務〉(03) 3238-7700
　　http://www.jikkyo.co.jp/

2018

ISBN 978-4-407-34776-0　　C3037